GESTION ET MAXIMISATION DES PROCÉDURES DES MARCHÉS PUBLICS

TOME 3

Procédures prévues pour les prestations intellectuelles

Malick Guibril NDIAYE

GESTION ET MAXIMISATION DES PROCEDURES DES MARCHÉS PUBLICS

TOME 3

Procédures prévues pour les prestations intellectuelles

L'Harmattan Sénégal

10 VDN, Sicap Amitié 3, Lotissement Cité Police, DAKAR

http://www.harmattansenegal.com
senharmattan@gmail.com
senlibrairie@gmail.com

ISBN : 978-2-343-22671-2
EAN : 9782343226712

PRÉSENTATION DE L'AUTEUR

M. Malick Guibril NDIAYE est un économiste planificateur diplômé de l'Université Cheikh Anta Diop de Dakar (UCAD). Il a commencé sa carrière administrative en 1980 à la Division de la Planification générale de la Direction de la Planification, au Ministère du Plan et de la Coopération.

Désigné représentant dudit Ministère à la Commission nationale des Contrats de l'Administration rattachée au Secrétariat général de la Présidence de la République, il s'est familiarisé aux procédures de la commande publique sur la période 1982-88 en qualité de vérificateur des procédures de passation des marchés.

M. NDIAYE c'est par la suite spécialisé en obtenant le certificat de l'Institut international du Droit du Développement devenu Organisation internationale du Droit du Développement (IDLO) à Rome, en Italie), sur les procédures des bailleurs et la passation des marchés et la conclusion des contrats internationaux de construction avec application des règles de la Fédération internationale des Ingénieurs-Conseils (FIDIC).

A partir de 1993, M. NDIAYE en qualité de spécialiste en passation des marchés, participé à la mise en œuvre de plusieurs projets de développement à savoir :

- le Projet d'Appui aux Groupements féminins, sur la période 1993 à 1999 sur financement de la Banque africaine de Développement (BAD) ; cumulativement à ses responsabilités d'expert en conception et évaluation de projets, il a déroulé toute la passation de marchés des composantes du projet ;
- le Programme national d'Infrastructures rurales (PNIR) (2000-2005) financé par l'Association internationale pour le Développement du Groupe de la Banque mondiale ;
- le projet « Gestion intégrée des Ressources marines et côtières (GIRMaC) » (2005-2006) financé par l'Association internationale pour le Développement du Groupe de la Banque mondiale.
- le Programme national de Développement local (PNDL) (2006-2007.
- le Programme de Coopération Luxembourg-Sénégal (2007-2010).
- le Projet régional des Pêches en Afrique de l'Ouest (PRAO-Sénégal) financé par l'Association internationale pour le Développement du Groupe de la Banque mondiale (2010 2017).

M. Ndiaye est certifié spécialiste en passation de marchés par le Centre africain d'Études supérieures en Gestion (CESAG) en 2000, par l'Institut Supérieur africain pour le Développement de l'Entreprise (ISADE) en 2001, par la Banque mondiale 2006, et par « Espace Scientifique et technique (EST) » Tunisie en 2013. Il est accrédité Manager spécialiste en marchés publics par SETYM International en relation avec l'Université du Québec à Montréal sur la période septembre 2016 septembre 2021

M. NDIAYE fait partie du groupe d'experts choisis par l'Autorité de régulation des marchés (ARMP) Sénégal pour assurer la formation des agents des autorités contractantes sur les procédures de marchés publics.

Il a pris part à la formation des cohortes d'assistants en marchés publics organisée par l'Office national de Formation professionnelle (ONFP) Sénégal.

Depuis l'année académique de 2003-2004 à nos jours M Malick Guibril NDIAYE est vacataire formateur en marchés publics à l'Institut Supérieur de Management (ISM). Il a en charge de dérouler le contenu de modules relatifs à la passation des marchés, aux procédures des bailleurs, à l'exécution technique et financière des marchés publics, au contrôle et à l'audit des marchés et enfin au " Partenariat public privé".

Plus d'une centaine de spécialistes en passation de marchés confirmés, pour lesquels il a participé à leur formation, sont en service dans au niveau de projets et programmes de l'Administration sénégalaise et des autres pays de la sous-région, mais aussi et des institutions sous régionales (BCEAO, BAD et CEDEAO).

**** ***

PREFACE

Écrire une préface n'a jamais été une chose aisée. Selon son étymologie latine, préface, signifie, « dire d'avance ». Suivant la perception contemporaine, il s'agit de faire ressortir l'intérêt que l'on a pour l'auteur et le texte qu'il présente et y introduire le lecteur. C'est une manière pour celui qui écrit la préface de préciser comment il a lu le texte, et ce qui a attiré son attention. Elle constitue le moment d'exposer, sans complaisance, l'originalité et la précision du travail présenté, ce qu'il a compris et comment, il l'a compris.

Que peut-il se passer, quand on est en présence d'une pratique professionnelle de plus de trente ans (celle d'un spécialiste en marchés publics de surcroît chargé de formation, depuis plus d'une décennie, en master II- marchés publics) ? Il en découle immanquablement un exposé pointu sur les objectifs et l'explication des différents outils à disposition pour passer et gérer lesdits marchés. En découle aussi l'exploration de pistes nouvelles nées « du vécu » de l'Auteur, pour analyser comment les choses se passent, et valoriser les bonnes pratiques professionnelles. C'est dans ce contexte que cet ouvrage trouve sa source.

Le titre de cet ouvrage souligne une ambition : contribuer à une meilleure pratique de la passation et du suivi de l'exécution des marchés. L'enjeu est important, puisqu'il s'agit de donner davantage de sens aux investissements étatiques, en s'appuyant sur la connaissance, pour que le choix des prestations ne porte que, sur celles qui répondent, au mieux, aux besoins définis par une Autorité contractante.

Cet ouvrage est donc un recueil des bonnes pratiques en passation, exécution, contrôle et archivages des marchés. Il y est décrit tous les processus de passation et d'exécution des marchés et, chaque fois que cela s'avère nécessaire, des annotations, destinées à préciser le sens et la portée exacts des procédures prévues des marchés publics, sont proposées. Il peut s'agir en particulier de commentaires :

- pour expliquer certaines dispositions des Codes des marchés publics, de leurs textes d'application ;
- sur les bonnes pratiques ou de notes relatives à des cas puisés dans le vécu de l'Auteur.

Le lecteur y trouvera des points de cours pour des soucis de précisions, mais aussi des cas pratiques. Cet ouvrage s'inspire des dispositions des Codes des marchés publics de plusieurs pays de la sous-région ouest-africaine et des Dossiers types adoptés. La revue de ces différents documents a permis d'analyser les procédures pour ensuite présenter leurs avantages et inconvénients.

Pour tenir compte de la particularité de la matière, l'auteur invite les personnes intervenant dans les marchés publics à avoir, une vue large (finance et comptabilité générale, mais aussi technique) pour la détermination des critères, permettant de mieux apprécier la capacité des Candidats, à mener les marchés à leur terme.

Il établit à cet effet qu'il doit y avoir une parfaite symbiose entre la réussite de la passation de marchés et l'analyse des éléments financiers ou de comptabilité devant conduire à la pré qualification, ou la post qualification de Candidats.

Abordant avec pertinence la démarche en coût global pour acquérir des biens, travaux ou services, l'auteur a démontré l'intérêt à prendre en compte, pour le choix de l'attributaire, les charges de fonctionnement ou d'entretien, pendant la durée de vie utile de toute acquisition ainsi que son impact sur l'environnement.

Avec une approche originale, il s'est intéressé à la consommation de carburant, pendant la durée de vie utile d'un véhicule, pour qu'elle puisse être prise en considération lors de la comparaison des offres. Ensuite, il a fait le parallèle entre la consommation carburant et la quantité dégagée en gaz carbonique, pour faire appliquer une « taxe » pour la protection de la couche d'ozone.

Sans vouloir dévoiler le contenu du livre dans cette préface, il faut souligner que l'auteur aborde, sans faux- semblants, l'activité de passation des marchés, en soulignant les erreurs qui peuvent survenir, tout en faisant ressortir qu'elles ont des origines parfois systémiques et parfois humaines. En effet, des interprétations sont souvent source d'erreurs, qui parfois sont lourdes de conséquences.

Les praticiens des marchés qu'ils soient juristes ou non, techniciens, Maîtres d'ouvrages, Maîtres d'œuvre, ou Entrepreneurs, peuvent y trouver une réponse à plusieurs questionnements.

Le style de l'écrit clair et convivial est de nature à apporter, beaucoup, à tout praticien intervenant dans les marchés publics (débutant ou plus chevronné) qui chercherait à perfectionner sa propre pratique, pour atteindre plus aisément les objectifs nouveaux fixés par le Système de passation des marchés publics. Il me semble être aussi, un précieux instrument pour tout auditeur en marchés publics.

MGN

****** *****

PRÉSENTATION DE L'AUTEUR

L'Auteur de cet ouvrage est un économiste planificateur diplômé de l'Université Cheikh Anta Diop de Dakar (UCAD).

Il a commencé sa carrière administrative en 1980 à la Division de la Planification générale de la Direction de la Planification, au Ministère du Plan et de la Coopération. Désigné représentant dudit Ministère à la Commission nationale des Contrats de l'Administration rattachée au Secrétariat général de la Présidence de la République, il s'est familiarisé aux procédures de la commande publique sur la période 1982-88.

Au titre du renforcement de ses capacités en passation de marchés, Monsieur NDIAYE a pris part en 1985 au séminaire international organisé par l'Institut international du Droit du Développement devenu Organisation internationale du Droit du Développement (IDLO) à Rome, en Italie), sur les procédures des bailleurs et la passation des marchés et la conclusion des contrats internationaux de construction avec application des règles de la Fédération internationale des Ingénieurs-Conseils (FIDIC).

Fort de cette expérience de vérificateur des procédures de passation des marchés, il a, à partir de 1993, en qualité de spécialiste en passation des marchés, participé à la mise en œuvre du Projet d'Appui aux Groupements féminins, sous la tutelle du Ministère de la Femme et de l'Enfant, financé par la Banque africaine de Développement (BAD) sur la période 1993 à 1999. Cumulativement à ses responsabilités d'expert en conception et évaluation de projets, il a déroulé toute la passation de marchés des composantes du projet.

En novembre 2000, le Programme national d'Infrastructures rurales (PNIR) financé par l'Association internationale pour le Développement du Groupe de la Banque mondiale le recrute comme spécialiste en passation de marchés.

En 2001, il prend part au séminaire de formation en passation de marchés, sur les procédures de la Banque mondiale pour les marchés de travaux et de fournitures, organisé par le Centre africain d'Études supérieures en Gestion (CESAG).

Au cours de la même année, avec l'Institut Supérieur africain pour le Développement de l'Entreprise (ISADE), il a revisité les procédures de passation des marchés de consultants suivant les directives de la Banque mondiale.

Dans le cadre de la mise en œuvre du PNIR, dont la philosophie était de confier la réalisation des infrastructures aux bénéficiaires eux-mêmes, il a conduit un vaste programme de formation sur les marchés.

Ces sessions de formation avec une partie théorique et des jeux de rôles avaient comme cibles les Autorités locales des 120 communautés rurales ciblées par le PNIR, les Assistants communautaires (AsCom) et opérateurs techniques recrutés. Ce fut, pour lui, l'occasion de produire un manuel de 120 pages, sur la passation des marchés communautaires, inspiré des Directives de la Banque mondiale et des projets communautaires du nord du Bénin (région de Parakou).

Ce manuel avait été validé par les experts en passation de marchés de la Banque mondiale. Au total, huit cent cinquante (850) personnes ont été formées sur la période 2003 à 2004. Au terme fixé pour l'exécution du programme PNIR en 2006, il était affiché un taux de réalisation financière de plus de 99%.

Le projet « Gestion intégrée des Ressources marines et côtières (GIRMaC) » financé par l'Association internationale pour le Développement du Groupe de la Banque mondiale s'attache ses services de juin 2005 à juin 2006. En une année, avec un appui discret, mais efficace le taux d'exécution financière du projet passe de 12 à 53%.

En avril 2006, il participe à la formation avancée sur la gestion des marchés publics, organisée par la Banque mondiale. De juin 2006 à janvier 2007, il est recruté en qualité de spécialiste en passation de marchés par le Programme national de Développement local (PNDL).

Sur la période, juin 2008 - septembre 2011, il est recruté par le Programme de Coopération Luxembourg-Sénégal en qualité de Responsable de la passation des marchés. Au total, 132 marchés ont été passés, le taux d'exécution du programme porté à un niveau satisfaisant, de plus de 80%.

En octobre 2011, le Projet régional des Pêches en Afrique de l'Ouest (PRAO-Sénégal) financé par l'Association internationale pour le Développement du Groupe de la Banque mondiale s'attache ses services, en qualité de Spécialiste en passation des marchés. Toujours soucieux d'être au niveau qu'il faut, en novembre 2013, il participe au séminaire organisé par « Espace Scientifique et technique (EST) » en Tunisie, à une formation avancée sur les marchés publics.

Après deux années de progrès soutenus dans la mise en œuvre du PRAO-Sénégal, le projet a été cité en 2015 parmi les deux projets les plus performants en Afrique de l'Ouest avec plus de 70% de décaissement, alors qu'en décembre 2011, il avait été jugé non satisfaisant avec un taux décaissement aux environs de 4%. A la faveur d'une formation offerte par l'ARMP, Monsieur NDIAYE est accrédité Manager des marchés publics par SETYM International et l'Université du Québec à Montréal sur la période septembre 2016 septembre 2021.

Il est important de noter que Mr NDIAYE est, par ailleurs, vacataire formateur en passation de marchés à l'Institut Supérieur de Management (ISM) depuis 2003. Il assure au niveau de cet Institut, les modules relatifs aux procédures des bailleurs, à l'exécution des marchés, au contrôle et à l'audit des marchés et au " Partenariat public privé".

Plus d'une centaine de spécialistes en passation de marchés confirmés, pour lesquels il a participé à leur formation, sont en service dans l'Administration sénégalaise, au niveau de projets et programmes (Ageroute, TER, APIX etc.) et des institutions sous régionales (BCEAO, BAD et CEDEAO).

★★★★ ★★★

PRÉSENTATION DE L'OUVRAGE

À QUI CET OUVRAGE EST-IL DESTINÉ ?

L'objectif de cet ouvrage ne consiste pas à analyser tous les cas qui peuvent se présenter, mais à apporter à travers les explications fournies, des réponses simples aux questions fondamentales que peuvent se poser, des intervenants, tout au long des processus de préparation, de passation et d'exécution des marchés.

Cet ouvrage est un recueil de bonnes pratiques, destiné aux Autorités contractantes et autres praticiens, c'est-à-dire à ceux qui, effectivement sont actifs dans les marchés, mais ne disposent pas de toutes les compétences pour, mener à bien leurs projets d'acquisition. Il s'adresse dans une moindre mesure, aux spécialistes qui n'y trouveront pas les réponses aux questions précises qu'ils peuvent se poser.

Cet ouvrage ne concerne pas certaines catégories de la commande publique faisant appel à des procédures lourdes ; il y est traité la « passation de marchés courants » intéressant l'immense majorité des personnes qui s'initient à cette discipline. Il y est aussi fait cas des causes d'échecs ainsi que les principales conditions à réunir pour assurer une bonne mise en œuvre de la passation des marchés.

COMMENT EST-IL ORGANISÉ ?

Cet ouvrage est présenté en huit tomes que sont :

1. Les prérequis pour la passation des marchés et les procédures ;
2. La passation des marchés de travaux, de fournitures et prestations physiques ;
3. Les marchés de prestations intellectuelles ;
4. L'exécution technique des marchés ;
5. L'exécution financière des marchés ;
6. L'archivage des marchés ;
7. Le Contrôle et l'Audit des marchés.
8. La passation des marchés communautaires.

Ce découpage a été fait dans le souci de mieux cerner les marchés, en présentant le Système et les procédures prévues, le processus de passation qui comprend l'expression des besoins, l'appel, la mise en concurrence et l'attribution des marchés, leur exécution. Les aspects collatéraux de la passation et qui démontrent la pertinence et la véracité des actions entreprises (archivage, contrôle et audit) sont aussi passés en revue. Dans ce qui suit, il est fait une brève présentation des questions développées au niveau du premier tome.

<u>**PRÉSENTATION DU TOME 3**</u>

Le Tome 3 comprend deux grandes parties :

La première partie du tome 3 présente les différentes méthodes de passation des marchés de prestations intellectuelles.

Le Chapitre 1 du tome 3 présente la définition des termes utilisés pour les « prestations intellectuelles » et fait un focus sur l'objet des marchés de prestations intellectuelles.

Le chapitre 2 traite de généralités sur les marchés de prestations intellectuelles.

Le chapitre 3 est consacré à la détermination des besoins en marchés de prestations intellectuelles, le choix de la nature du contrat de prestations et l'estimation des coûts du besoin spécifique et l'établissement du budget.

Le chapitre 4 présente les procédures de passation des marchés de prestations intellectuelles que sont :

- la sélection qualité-coût (SQC) ;
- la Sélection qualité seule (SQS) ;
- la Sélection sur un budget prédéterminé (SBP) ;
- la Sélection sur la base de la meilleure proposition financière (SMPF).

Le chapitre 5, intitulé la préparation de la mise en concurrence, est consacré à l'élaboration des termes de références, il y est produit un canevas de rédaction

Le chapitre 6, intitulé, préparation de la mise en concurrence, choix du mode de consultation et estimation des coûts. Il expose les méthodes de détermination de la charge de travail en hommes-mois ou en numéraire.

Le chapitre 7 présente l'élaboration de la Demande de propositions en utilisant la Méthode de référence ou méthode par défaut est la sélection dite « qualité-coût ». Dans ce chapitre sont présentées les principales étapes pour l'élaboration de la Demande de propositions qui sont similaires à celles des autres méthodes sauf en ce qui concerne la combinaison des notes techniques et financières.

Le chapitre 8 expose l'utilité du « **Dossier d'approbation de la procédure** » en abrégé « **DAP** » qui permet de recueillir et d'échanger sur les informations nécessaires à la conduite, à la gestion et au contrôle d'une procédure de passation et d'exécution d'un marché.

La deuxième partie traite de la mise en concurrence suivant la méthode qualité technique et coût, du processus d'attribution et des négociations devant aboutir au contrat de marché.

Le chapitre 1 de la deuxième partie s'intéresse au lancement procédure et à la remise des Demandes de propositions aux négociations techniques et financières nécessaires à la conduite de la mission.

Le chapitre 2 de la deuxième partie déroule le processus d'ouverture des plis et de l'évaluation des propositions.

Le chapitre 3 de la deuxième partie expose le processus d'attribution du marché de prestations intellectuelles.

Le chapitre 4 de la deuxième partie montre l'importance des négociations techniques et financières, comment les conduire pour la conclusion du contrat de marché

COMMENT PEUT-ON L'UTILISER ?

On peut utiliser chacun des tomes de cet ouvrage de plusieurs façons :

- en faire une lecture exhaustive, du début à la fin, méthode fastidieuse, qui ne présente que peu d'intérêt, mais permet d'avoir une vue d'ensemble sur la passation des marchés ;
- rechercher dans chaque sommaire les pages en rapport avec une question que l'on se pose ;
- rechercher dans les approches proposées un chapitre, une page ou un ensemble de paragraphes apportant des éléments de réponse.

QUELLE EST SON AMBITION ?

Les différents tomes ont pour ambition de mettre à la disposition des intervenants en passation des marchés, des informations et clarifications, permettant d'organiser au mieux la conduite des procédures de passation d'exécution et d'archivages des marchés avec comme point de mire la transparence, l'efficience et l'efficacité. Il s'agit donc de mettre à disposition des informations et des repères pour mener à bien une passation de marchés, sans se perdre dans les méandres d'une réglementation, extrêmement complexe. Son ambition s'arrête là.

**** ***

PRÉAMBULE

En Afrique de l'Ouest francophone, la réglementation des marchés publics a connu une évolution significative, car la commande publique a été longtemps régie par la législation française, à l'époque coloniale, à travers le décret du 30 octobre 1935 relatif au financement des marchés de l'État et des collectivités, modifiés par le décret du 25 août 1937 et celui du 2 mai 1938. Etaient également applicables, dans les territoires d'outre-mer, plusieurs textes réglementaires dont :

- l'Arrêté du 16 octobre 1946 portant fixation du cahier des charges et des conditions générales imposées aux Entrepreneurs de travaux publics ;
- l'Arrêté du 8 avril 1953, portant approbation du cahier des charges et des conditions générales applicables aux marchés de fournitures et de services.
- Le décret n° 57-818 du 10 juillet 1957 fixant les règles générales applicables aux marchés passés au nom des groupes de territoires et provinces d'outre-mer et ;
- le décret n° 58-15 du 8 janvier 1958 relatif aux règlements non soumis aux lois et usages de commerce passés ou exécutés dans ces contrées.

Les pays membres de l'Union économique et monétaire ouest-africaine (UEMOA), ont adopté, les décisions prises au plan communautaire deux Directives sur la commande publique que sont :

- **la directive n° 04/2005/CM/UEMOA du 9 décembre 2005** portant procédures de passation, d'exécution et de règlement des marchés et des Délégations de Services publics;
- **la directive n° 05/2005/CM/UEMOA du 9 décembre 2005** portant contrôle et régulation des marchés publics et des Délégations de Services publics.

Ces directives ont introduit des réformes qui portent, à la fois, sur le cadre juridique matériel et institutionnel de la passation des marchés publics et s'inspirent des standards internationaux notamment :

- la loi type de la Commission des Nations unies pour le Droit commercial international (CNUDCI) sur la passation des marchés de biens de travaux et de services (1994) ;
- la déclaration de Paris du 02 mars 2005 sur l'efficacité de l'Aide au développement en ses points 38, 29 et 30 ;
- les procédures de la Banque mondiale, de la Banque africaine de Développement, de l'Union européenne, etc.

Les organes dirigeants de l'Union économique et monétaire ouest-africaine ont compris, fort heureusement, que la stabilité macroéconomique et une croissance durable ne peuvent se concevoir qu'avec une bonne gestion des affaires publiques, grâce à la mise en œuvre de politiques et de procédures financières crédibles et transparentes. Or, les marchés publics font partie des activités de l'Administration les plus exposées au gaspillage, à la fraude et à la corruption, en raison de la complexité des procédures sujettes à différentes interprétations.

Un système de passation des marchés publics peu efficace ne peut qu'entraîner un gaspillage des ressources financières publiques, avec des coûts élevés des acquisitions qui compromettent les efforts de développement. Pour garantir une passation des marchés publics saine et solide, il est indispensable de promouvoir des règles équitables et une concurrence loyale.

Les Directives de l'Union économique et monétaire ouest-africaine, s'inspirant largement des pratiques de passation des marchés alignées sur les standards internationaux, indiquent qu'un bon système de marchés publics passe, nécessairement, par l'identification des risques tout au long des cycles de passation et d'exécution, en adoptant une vision globale et équilibrée pour tous les processus allant de :

- l'évaluation des besoins ;
- l'élaboration des dossiers d'appel à la concurrence ;
- l'ouverture, l'évaluation des offres et l'attribution des marchés ;
- l'exécution des marchés matérialisée par la réception des biens, des travaux ou le dépôt de rapports pour les marchés de prestations intellectuelles.

Les marchés publics constituent une activité majeure dans l'action de l'État et de ses démembrements, puisqu'ils traduisent la politique d'ouverture de l'économie. Aussi l'Administration doit-elle optimiser et rationaliser la gestion de cette chose publique, en recourant :

- aux plus efficaces des modes de gestion ;
- à l'initiation de nouvelles formes de bonne gouvernance et ;
- au développement des mécanismes d'audit et de contrôle.

Une séparation nette des pouvoirs de régulation et de contrôle des marchés publics a aussi été instituée, ce faisant l'Autorité de Régulation des marchés (ARMP) est désormais distincte de la structure en charge du contrôle a priori de la passation des marchés.

Le principe de recours suspensif, non juridictionnel, assorti d'un recours gracieux auprès de l'Autorité contractante a été instauré dans la quasi-totalité des Codes de marchés, pour être introduit éventuellement par les Candidats s'estimant injustement évincés, avant la fin de la procédure de passation du marché ou de la délégation de service public.

Les Directives de l'Union Economique et Monétaire ouest-africaine posent des principes fondamentaux qui sous-tendent toute la passation des marchés et qui sont applicables aux procédures d'acquisition, en vue d'assurer l'efficacité et la bonne utilisation des deniers publics. Il s'agit des obligations suivantes :

- la définition préalable des besoins ;
- l'existence de crédits suffisants ;
- le respect de la liberté d'accès à la commande publique ;
- l'égalité de traitement des Candidats (en interdisant toute mesure ou disposition fondée sur la nationalité des candidats ressortissants des états de l'Union économique et monétaire ouest-africaine) ;
- la transparence des procédures.

Le non-respect de ces formalités entraîne la nullité de la passation du marché, à la requête de toute personne intéressée au déroulement normal de la procédure. Obligation est faite, aux Autorités contractantes, de respecter les règles de publicité et de mise en concurrence prescrites, pour la conclusion de marchés publics, mais également, en ce qui concerne les conventions de délégation de service public.

Le système de passation des marchés publics est un des éléments clés de l'efficacité générale de la gestion du secteur public, parce qu'il permet ainsi l'atteinte des objectifs de développement et au-delà améliorer la gouvernance. Les grands principes de la commande publique ne visent pas à juger de l'opportunité des dépenses réalisées. Ils s'inscrivent dans un cadre strict, de protection des règles de la concurrence afin de permettre, d'obtenir la meilleure offre ou proposition ; de favoriser la gestion optimale des deniers publics et d'assurer une certaine protection juridique à l'Autorité contractante.

**** ***

TABLE DES MATIÈRES

PREMIÈRE PARTIE

MÉTHODES DE PASSATION DES MARCHÉS

EXPOSE DES MÉTHODES-
PRÉPARATION DE LA MISE EN CONCURRENCE

Termes de références- estimation des coûts-

(Marchés de prestations intellectuelles)

****** *****

CHAPITRE I

TERMES UTILISES POUR MARCHÉS DE « PRESTATIONS INTELLECTUELLES »

1.1. DÉFINITIONS

1.1.1. Acte d'engagement

Le terme « Acte d'engagement » désigne la pièce fondamentale dans la formation d'un marché, il consacre l'échange de consentements des parties et la démonstration de leur accord sur l'objet, le contenu et le prix de la prestation.

1.1.2. Approbation

Le terme « Approbation » désigne l'acte par lequel une Autorité compétente ou approbatrice, valide pour donner effet au marché la décision d'attribution postérieurement à l'avis favorable de la Direction du Contrôle des marchés publics sur la procédure.

1.1.3. Approche méthodologique

Le terme « Approche méthodologie » désigne la démarche rationnelle du « Prestataire de services intellectuels » qui lui permet d'examiner des problèmes en vue d'obtenir des réponses précises et, par une série d'étapes identifier les meilleures alternatives.

1.1.4. Association de « Prestataires de services »

Le terme « Association de "Prestataires de services intellectuels" » désigne la démarche volontaire sous la forme d'une coentreprise entre « Prestataires de services intellectuels » dans le cadre d'un projet ou de manière pérenne, pour accroître leur efficacité par un renforcement de leurs compétences par la mise en commun leurs moyens techniques, financiers et humains en vue de disposer d'un vivier plus important d'experts, afin d'offrir des approches et des méthodologies meilleures et dans certains cas, des prix inférieurs.

1.1.5. Attributaire

Le terme « attributaire » désigne le soumissionnaire dont l'offre a été retenue avant l'approbation du marché par la commission des marchés et confirmée par la Personne responsable des marchés publics.

1.1.6. Autorité contractante

Le terme « Autorité contractante » désigne les personnes morales, services et organismes de droit public.

1.1.7. Autorité de Régulation des marchés publics (ARMP)

Le terme « Autorité de Régulation des marchés publics (ARMP) » désigne l'instance de l'Administration, chargée notamment d'analyser et diffuser les informations relatives à la commande publique, de donner tout avis sur les procédures et processus, de proposer des adaptations à la réglementation des marchés publics, d'assurer le contrôle a posteriori des marchés.

1.1.8. Avis de non-objection

Le terme « Avis de non-objection » signifie que la structure chargée de la vérification d'un dossier qui lui est soumis au cours d'une étape du processus de passation de marchés n'a pas trouvé les arguments qui pourraient invalider ce qui y est exposé.

1.1.9. Budget d'une consultation

Le terme « Budget d'une consultation » désigne l'ensemble des prévisions coordonnées des ressources dont dispose une Autorité contractante et qui sont affectées à divers postes de dépenses (paiement de personnel, achat de fournitures, frais de voyage, production et multiplication de rapports) dans le cadre d'une mission de prestations intellectuelles.

1.1.10. Candidat

Le terme « Candidat » désigne indifféremment, toute personne physique ou toute personne morale privée ou publique gérée suivant les règles commerciales privées et jouissant d'une autonomie financière, qui participe à une procédure de passation d'un marché public.

1.1.11. Cellule de Passation des marchés

Le terme « Cellule de Passation des marchés » désigne l'organe dont les membres sont désignés par l'Autorité contractante et qui est chargée de veiller sur la qualité des dossiers de passation des marchés ainsi qu'au bon fonctionnement de la commission des marchés.

1.1.12. Code des marchés publics

Le terme « Code des marchés publics » désigne le « recueil d'articles » qui constitue la base juridique utilisée pour encadrer les procédures relatives à la conclusion et à la gestion des marchés publics de travaux, de fournitures, de prestations de services physiques ou prestations intellectuelles et se prémunir contre les risques engendrés lors l'extinction des relations contractuelles générées.

1.1.13. Commission de Passation des marchés publics

Le terme « Commission de Passation des marchés publics » désigne l'organe dont les membres sont désignés annuellement par l'Autorité contractante qui est chargée de l'ouverture des plis, de l'évaluation et du classement des propositions.

1.1.14. Comité technique d'étude et d'évaluation

Le terme « Comité technique d'étude et d'évaluation des propositions » désigne le groupe d'évaluateurs ou d'experts mandatés par la commission des marchés sur proposition de son Président.

1.1.15. « Coefficient de pondération »

Le terme « Coefficient de pondération » désigne le facteur appliqué à un nombre en vue d'en modifier la valeur.

1.1.16. Coefficient de pondération de la note financière

Le terme « Coefficient de pondération de la note financière » désigne le facteur sous la forme d'un pourcentage (entre 10 et 40 %) ou d'un coefficient (entre 0,1 et 0,4) appliqué à la note financière obtenue par chaque Candidat en vue de modifier leur poids ou valeur.

1.1.17. Coefficient de pondération de la note technique

Le terme « Coefficient de pondération de la note technique » désigne le facteur sous la forme d'un pourcentage (entre 60 et 80 %) ou d'un coefficient (entre 0,6 et 0,8) appliqué à la note technique obtenue par les Candidats en vue d'en modifier leur poids ou leur valeur.

1.1.18. Comité technique d'étude et d'évaluation des propositions techniques

Le terme « Comité technique d'étude et d'évaluation des propositions techniques » désigne le groupe d'évaluateurs ou d'experts mandatés par la Commission de Passation des marchés publics sur proposition de son Président pour procéder à l'évaluation de la proposition technique et restituer devant la Commission de Passation des marchés publics les éléments d'analyse et d'évaluation consignés dans un rapport.

1.1.19. Confidentialité

Le terme « confidentialité » désigne la stricte observation des recommandations de la Charte d'Éthique et de Transparence, qui voudrait qu'aucun renseignement concernant l'évaluation des propositions et les recommandations d'attribution ne puisse être communiqué aux Candidats ayant soumis une proposition ou à toute autre personne n'ayant pas qualité pour participer à la procédure, tant que l'attribution du marché n'a pas été publiée.

1.1.20. Conflit d'intérêts

Le terme « conflit d'intérêts » désigne la situation conflictuelle dans laquelle pourrait se trouver, un prestataire de services intellectuels (y compris son personnel et ses sous-traitants) qui a une relation d'affaires ou familiale avec un membre du personnel de l'Autorité contractante qui intervient directement ou indirectement dans, la préparation des Termes de référence du marché, le processus de passation pour ledit marché ou pour l'exécution de ce même marché.

1.1.21. Contrôle a priori

Le terme Contrôle a priori désigne la vérification préalable des processus de passation des marchés.

1.1.22. Contrôle a posteriori

Le terme Contrôle a posteriori désigne la vérification de la validité des processus antérieurs menés pour la conclusion d'un marché.

1.1.23. Corruption

Le terme « Corruption » désigne le fait d'offrir, de donner, de solliciter ou d'accepter, directement ou indirectement, un quelconque avantage en vue d'influencer l'action d'un agent public au cours de la passation ou de l'exécution d'un marché.

1.1.24. Détermination préalable des besoins

Le terme « Détermination préalable des besoins » désigne la définition précise de la qualité des prestations à obtenir, le contexte dans lequel ces prestations doivent pouvoir être assurées, les quantités souhaitées et une bonne appréhension des services associés afin de déterminer le coût global de la prestation.

1.1.25. Délais

Le terme « Délais » désigne le temps exprimé en jours calendaires accordé du début d'un processus à sa finalisation.

1.1.26. « Demande à manifestation d'intérêt

Le terme "Demande de manifestation d'intérêt" désigne l'avis spécifique publié par une Autorité contractante à la suite de l'avis général de passation de marchés, pour recevoir des Candidats potentiels, un document écrit informant sur leur intention de participer à l'exécution de la mission pour laquelle il est fait appel à leurs compétences.

1.1.27. Demande de propositions

Le terme "Demande de propositions (DP)" désigne le document délivré par l'Autorité contractante pour inviter les Candidats "Prestataire de services intellectuels" (retenus sur une liste restreinte) à soumissionner à un projet spécifique sur la base d'une procédure donnée de sorte que la manière de réaliser les prestations attendues et les prix proposés puissent être facilement évalués, comparés et soumis à négociation.

1.1.28. Direction du Contrôle des marchés publics

Le terme "Direction du Contrôle des marchés publics " désigne le service en charge du contrôle a priori des processus de passation des marchés.

1.1.29. Données particulières de la Demande de propositions

Le terme "Données particulières de la Demande de propositions " signifie les données complétant ou modifiant les clauses des Instructions aux Candidats à la réalisation de marchés de prestations intellectuelles et qui font partie de la Demande de propositions.

1.1.30. Dossiers Types »

Le terme « Dossiers Types » désigne les différents documents contenant les instructions aux Candidats, les données particulières des modèles et commentaires permettant d'élaborer les dossiers de mise en concurrence pour : les demandes de propositions prestations intellectuelles marchés importants ; les demandes de propositions pour des prestations intellectuelles pour des marchés de petits montants, etc.

1.1.31. Enregistrement

Le terme « Enregistrement » désigne le paiement par le titulaire d'un marché, des droits d'enregistrement et de timbre prévus par le Code général des Impôts, auprès des services fiscaux.

1.1.32. Entente directe

Le terme « Entente directe » désigne la procédure suivant laquelle une Autorité contractante engage directement des discussions qui lui paraissent utiles avec un Candidat identifié à l'avance et envisage que lui soit attribué le Marché.

1.1.33. Évaluateur

Le terme « Evaluateur » désigne une personne choisie ou cooptée par la Commission de Passation des marchés publics pour émettre un jugement, ou donner un avis sur une proposition technique dans le cadre de la passation d'un marché de prestations intellectuelles.

1.1.34. Forfait

Le terme « Forfait » qualifie le paiement fait au « Prestataire de services intellectuels » et qui correspond au coût global évalué de la prestation.

1.1.35. Homme-jour

Le terme « Homme-jour » désigne l'unité de mesure de la charge pour une journée de travail pour l'emploi de « Prestataire de services intellectuels ».

1.1.36. Homme-mois

Le terme « Homme-mois » désigne l'unité de mesure de la charge pour un mois de travail pour l'emploi de « Prestataire de services intellectuels ».

1.1.37. Honoraires

Le terme « Honoraires » désigne la rémunération tarifée due à un « Prestataire de services intellectuels » en échange de ses services dans le cadre d'un contrat de marché de prestations intellectuelles.

1.1.38. Instructions aux Candidats

Le terme « Instructions aux Candidats » est la première section du Dossier types pour les marchés de prestations intellectuelles qui a pour objet d'indiquer aux Candidats les règles générales à suivre pour préparer et déposer leurs propositions techniques et financières conformément aux conditions fixées dans la Demande de propositions.

1.1.39. Immatriculation

Le terme « Immatriculation » désigne l'opération de numérotation auprès de la Direction chargée du contrôle des marchés publics à des fins d'établissement de statistiques sur les marchés régulièrement approuvés avant leur notification aux titulaires.

1.1.40. Imprévu

Le terme « Imprévu » désigne tout événement non prévisible dû à un phénomène extérieur ou inconnu au moment des faits.

1.1.41. Jour

Le terme « Jour » signifie jour calendaire sauf précision contraire les délais exprimés dans les marchés publics en jours sont décomptés en jours calendaires commençant le premier jour à minuit et se terminant, le jour dernier, à O heure.

1.1.42. Pièces justificatives pour remboursables.

Le terme « pièces justificatives pour les remboursables » désigne tous les documents généralement sous forme de factures, qui attestent qu'une dépense est encourue lors d'un déplacement, elle contient principalement les éléments indiquant la date de la transaction, le montant, la nature et le nom ou raison sociale de l'émetteur.

1.1.43. Lettre d'invitation

Le terme « Lettre d'invitation » désigne le premier élément de la « Demande de propositions » adressée aux Candidats « Prestataire de services intellectuels » qui ont été retenus sur la liste restreinte et à qui il est demandé de remettre une proposition pour la mission pour laquelle ils ont été sélectionnés.

1.1.44. Liste restreinte

Le terme « Liste restreinte » désigne le choix opéré par l'Autorité contractante constitué d'au moins cinq (5) Candidats « Prestataire de services intellectuels » de « poids comparable » et dont les capacités et les objectifs commerciaux sont similaires en vue, de les consulter pour une mission donnée.

1.1.45. Livrables

Le terme « Livrables » désigne tous les éléments (de façon non limitative), y compris les rapports, manuels, listes et autres documentations, préparés pour l'Autorité contractante dans le cadre d'un contrat, qu'ils soient sous forme écrite ou sous toute autre forme.

1.1.46. Manifestation d'intérêt

Le terme « Manifestation d'intérêt » désigne le document qui informe sur la volonté d'un Candidat (cabinet, bureau d'études, organisation ou individu) de participer à l'exécution d'une mission ou d'une étude.

1.1.47. Manœuvres frauduleuses

Le terme « Manœuvres frauduleuses » désigne toute action tendant à déformer, à dénaturer ou à omettre des faits afin d'influencer l'attribution ou l'exécution d'un marché.

1.1.48. Marché au forfait

Le terme « Marché au forfait » désigne les marchés ou le prix global fixé à l'avance est réputé comprendre toutes les dépenses résultant de toutes sujétions prévisibles pour l'exécution de la totalité du Marché.

1.1.49. Marché au temps passé

Le terme « Marché a temps passé » désigne le marché de prestations intellectuelles dont le prix résulte de l'application des prix unitaires aux prestations exécutées.

1.1.50. Négociations

Le terme « Négociations » en Prestations intellectuelles désigne la recherche, dans un temps limité, d'un accord pour satisfaire un besoin d'une Autorité contractante à travers un processus d'échanges avec le Candidat déclaré attributaire provisoire au terme de l'évaluation des propositions technique et financière.

1.1.51. Négociations financières

Le terme « Négociations financières » désigne la recherche, dans un temps limité, d'un accord centré sur des enjeux financiers quantifiables entre l'Autorité contractante et le Candidat classé premier.

1.1.52. Négociations financières

Le terme « Négociations techniques » désigne la recherche, dans un temps limité, d'un accord centré sur des enjeux techniques, au terme d'une procédure de sélection afin de s'accorder sur la méthodologie, le plan de travail, la dotation, la disponibilité et les changements éventuels en personnel clé et toute suggestion faite par le Candidat pour améliorer les Termes de référence à la demande de l'Autorité contractante.

1.1.53. Notification

Le terme « Notification » désigne la formalité écrite par laquelle le titulaire est tenu officiellement, informé, du contenu du marché, par tout moyen permettant de donner date certaine à cet envoi.

1.1.54. Passation marchés de prestations intellectuelles

Le terme « Passation des marchés publics de prestations intellectuelles » désigne, le processus d'acquisition de prestations intellectuelles résultant de l'attribution de contrats dont les prestations sont payées conformément aux règles de la finance publique. »

1.1.55. Pièce justificative

Le terme « Pièce justificative » désigne tout document, notamment une facture, qui atteste qu'une dépense est encourue lors d'un déplacement, contenant principalement les éléments suivants : la date de la transaction, le montant, la nature de la dépense et la raison sociale de l'émetteur.

1.1.56. Per diem

Le terme « Per diem » désigne l'indemnité journalière de subsistance allouée au personnel du « Prestataire » pour chaque jour de déplacement, en dehors de leur zone de résidence aux fins d'exécution des prestations.

1.1.57. Personne responsable des marchés publics

Le terme « Personne responsable des marchés publics (PRMP) » signifie la personne chargée de conduire la procédure de passation du marché, de signer le marché au nom de l'Autorité contractante et de la représenter lors son l'exécution.

1.1.58. Planification des marchés

Le terme « Planification des marchés » désigne, le processus par lequel est défini le chronogramme de chacune des étapes de la passation des différents marchés de fournitures, travaux, services physiques ou de prestations intellectuelles en tenant compte de la charge de travail de chacun des services ou directions concernés et des contraintes d'ordre réglementaire, logistique ou politique.

1.1.59. Plan de Passation des marchés

Le terme « Plan de Passation des marchés » désigne le document obligatoire qu'une Autorité contractante, pour promouvoir la concurrence, fait connaître, par le canal d'une programmation, les données essentielles sur les marchés de travaux, de fournitures, de services physiques et de prestations intellectuelles à passer au cours d'une année, afin de tenir informées des occasions d'affaires offertes.

1.1.60. Pratiques coercitives

Le terme « pratiques coercitives » désigne les préjudices ou les menaces de préjudices portés directement ou indirectement à des personnes ou à leurs biens en vue d'influer sur leur participation au processus de passation des marchés ou d'affecter l'exécution du marché.

1.1.61. Pratiques collusoires

Le terme « pratiques collutoires » désigne les actes nés d'un système ou d'un arrangement entre deux prestataires de services intellectuels ou plus, l'Autorité contractante en étant informé ou non, destiné à fixer les prix des prestations à des niveaux artificiels souvent élevés et non concurrentiels.

1.1.62. Prestations intellectuelles

Le terme « Prestations intellectuelles » désigne les prestations réalisées grâce à une démarche rationnelle de l'esprit axée sur la réflexion et l'imagination créative à partir de cahiers de charges indiquant le budget, la contrainte temporelle pour le dépôt des livrables, présentant, des situations, des solutions, ou des orientations permettant à l'Autorité contractante l'identification et la validation des meilleures alternatives possibles.

1.1.63. « Prestataire de services intellectuels »

Le terme « Prestataire de services intellectuels » désigne le spécialiste extérieur à qui l'on fait appel, afin d'obtenir un avis, sur question ou pour résoudre un problème précis.

1.1.64. Procédure prévue au Code des marchés ou PPCM

Le terme « Procédure prévue au Code des marchés ou PPCM » désigne l'ensemble de règles établies par un Code des marchés publics, ses arrêtés d'application, ainsi que les méthodes indiquées dans les Dossiers types, à respecter, pour la conclusion d'un contrat de marché public.

1.1.65. Procédures de passation de marchés

Le terme « Procédures de passation de marchés » désigne l'ensemble des processus qui conduisent à la conclusion ou finalisation des étapes de la passation de marché.

1.1.66. Proposition financière

Le terme « Proposition financière » désigne le montant financier soumis à l'appréciation de l'Autorité contractante en contrepartie de la réalisation de la mission suivant l'approche proposée par le Candidat « Prestataire de services intellectuels ».

1.1.67. Proposition technique

Le terme « Proposition technique » désigne la « méthode de travail envisagée et les moyens techniques et humains à déployer par un Candidat « Prestataire de services intellectuels » retenu sur une liste restreinte et qui est soumise à l'appréciation d'une l'Autorité contractante dans la cadre d'une mission.

1.1.68. Réception

Le terme « Réception » désigne l'acte qui vise à constater que les prestations exécutées sont conformes au cahier des charges.

1.1.69. Remboursables

Le terme « Remboursables » désigne les dépenses engagées par un Candidat « Prestataire de services intellectuels » pour réaliser les prestations prévues au contrat de marché de prestations intellectuelles dont la valeur est reversée sur la base de pièces justificatives.

1.1.70. Sélection qualité technique et montant de la proposition

Le terme « Sélection sur la base de la qualité technique et du montant de la proposition » désigne la méthode de passation de marchés utilisée pour s'attacher les services d'un « Prestataire de services intellectuels » dans le cadre de missions courantes en prenant en compte la qualité de la proposition et le coût suivant une pondération préétablie.

1.1.71. Sélection qualité seule

Le terme « Sélection qualité seule » désigne la méthode de passation de marché utilisée pour s'attacher les services d'un « Prestataire de services intellectuels » dans le cadre de missions complexes ou très spécialisées ayant un impact très marqué en aval pouvant être réalisée de manière sensiblement différente et pour lesquelles l'objectif est d'obtenir les services des meilleurs experts.

1.1.72. Sélection sur la base d'un budget prédéterminé

Le terme « Sélection dans le cadre d'un budget prédéterminé » désigne la méthode de passation de marché utilisée pour s'attacher les services d'un « Prestataire de services intellectuels » dans le cadre d'une mission simple, qui peut être définie de manière précise et dont le budget est prédéterminé.

1.1.73. Sélection sur la base de la meilleure proposition financière

Le terme « Sélection sur la base de la meilleure proposition financière » désigne la méthode de passation de marché utilisée pour s'attacher les services d'un « Prestataire de services intellectuels » dans le cadre de missions courantes (audits, préparation de dossiers techniques de travaux non complexes, etc.), pour laquelle il existe des pratiques et des normes bien établies.

1.1.74. Recours

Le terme « Recours » désigne l'action d'un Candidat à un marché public de déférer à une autorité ou à une juridiction administrative un acte ou une décision administrative en vue d'en obtenir le retrait, l'annulation, l'abrogation, la réformation ou l'interprétation.

1.1.75. Recours gracieux

Le terme « Recours gracieux » désigne l'action menée par Candidat à un marché public en direction de l'Autorité contractante en vue de faire une réclamation sur le processus de passation de marchés.

1.1.76. Recours contentieux

Le terme « Recours contentieux » désigne l'action menée par Candidat à un marché public en direction de l'Autorité contractante auprès d'une juridiction administrative en vue de régler un contentieux né au cours des processus de passation d'un marché.

1.1.77. Seuil de passation de marchés

Le terme « seuil de passation de marchés » désigne le niveau de ressources financières exprimé en chiffres, qui constitue une limite pour déclencher une des procédures de passation prévues par un Code des marchés publics.

1.1.78. Soumission

Le terme « Soumission » désigne l'acte d'engagement écrit au terme duquel un Candidat fait connaître ses conditions et s'engage à respecter les cahiers des charges applicables.

1.1.79. Soumissionnaire

Le terme « Soumissionnaire » désigne le Candidat ayant déposé un pli aux date et heures limites de dépôt des propositions pour participer à la concurrence.

1.1.80. Souscription

Le terme « Souscription » désigne l'acceptation faite par l'attributaire d'un contrat de Marché en apposant sa signature sur l'Acte d'engagement pour l'approuver.

1.1.81. Temps passé

Le terme « Temps passé » désigne la durée effectivement travaillée par un « Prestataire de services intellectuels » au cours d'une période en tenant compte de l'absentéisme, des grèves et des congés.

1.1.82. Termes de références

Le groupe de mots « Termes de références » désigne le document de quelques pages qui permet à une Autorité contractante, dans le cadre d'une commande, de définir les prestations intellectuelles à réaliser par un « Prestataire de services intellectuels » en lui expliquant ce qu'il veut et pourquoi il le veut.

**** ***

CHAPITRE II

GÉNÉRALITÉS SUR LES MARCHÉS DE PRESTATIONS INTELLECTUELLES

2.1 OBJET MARCHÉS PRESTATIONS INTELLECTUELLES.

L'objet des marchés de prestations intellectuelles ne consiste pas à produire un résultat matériel ou physiquement quantifiable, tel que la fourniture d'un bien. Le titulaire de prestataire de services intellectuels n'est pas astreint à une obligation de résultat, il a une obligation de moyens. L'obligation de moyens est l'exigence par laquelle, le prestataire s'engage seulement à employer les moyens appropriés dans une tâche à accomplir, qui permettront à l'Autorité contractante d'atteindre, peut-être, le résultat qu'elle souhaite, mais ce résultat, n'est, en rien, garanti par le « Prestataire de services intellectuels » ou Consultant.

Le Prestataire de services intellectuels peut être identifié ou désigné par le terme consultant qui vient de l'anglais « consult » et qui signifie « prendre conseil ». En effet, les prestations intellectuelles sont la plupart du temps des activités de conseil généralement menées par un ou des spécialistes extérieurs ou consultants à qui l'on fait appel, afin d'obtenir un avis, au sujet d'une question ou de l'aide pour résoudre un problème précis.

Le Prestataire de services intellectuels est un spécialiste qui fournit à son client des recommandations issues de l'expérience (la sienne et/ou celle de son entité d'appartenance), appuyées par un diagnostic de la situation. À la suite de ce qui précède, il nous est possible de donner une définition au terme « Prestations intellectuelles ».

Les prestations intellectuelles désignent l'ensemble des prestations réalisées grâce à une démarche rationnelle de l'esprit axée sur la réflexion et l'imagination créative à partir de cahiers de charges indiquant le budget, la contrainte temporelle pour le dépôt des livrables, présentant des situations, des solutions, ou des orientations permettant à l'Autorité contractante l'identification et la validation des meilleures alternatives possibles.

2.1.1 Les services offerts par un Prestataire de services intellectuels

Une prestation intellectuelle est un service en conseil et peut s'appliquer à de nombreux domaines. Les services offerts par un Prestataire intellectuel sont aussi nombreux que les aspects et multiples domaines que l'on retrouve auprès des Autorités contractantes. Une liste non exhaustive de services ou missions, pour lesquels, il est possible de recourir à un prestataire intellectuel est présentée ci-dessous.

A titre d'exemples de prestations intellectuelles, on peut trouver :

- l'audit.
- la formation
- le coaching
- la maîtrise d'ouvrage ;
- les études diagnostiques ;
- le conseil en recrutement ;
- le conseil en organisation ;
- la planification stratégique ;
- le conseil en fusions-acquisitions ;
- la gestion des ressources humaines ;
- la gestion des ressources financières ;
- le conseil en Communication et Marketing;
- la revue des dépenses d'un secteur donné ;
- la mise en place de systèmes d'information ;
- l'implantation d'indicateurs de performance ;
- la réingénierie et l'optimisation de processus ;
- l'analyse de l'environnement organisationnel ;
- les technologies information et communication ;
- la recherche et le développement de nouveaux produits ;
- les conseils en Développement durable au sens large, réalisation d'études spécifiques et de conseil stratégique.

Les Prestataires de services intellectuels ou (Consultants) sont souvent regroupés au sein de sociétés de conseil, ou bien interviennent de façon indépendante. Indépendamment de l'expertise et du professionnalisme, des compétences et des qualités sont requises pour être un bon prestataire de services intellectuels.

2.2 APTITUDES ET COMPÉTENCES DU PRESTATAIRE.

Parmi les aptitudes incontournables du Prestataire de services intellectuels figure sa capacité à résoudre un problème, car il a pour principale mission de répondre aux problématiques de ses clients. La capacité à résoudre un problème est basée sur l'écoute et sur l'analyse, elle allie la curiosité, la réflexion et la créativité. L'aboutissement de la résolution de problèmes n'est pas celui de trouver la solution par le seul savoir-faire du « Prestataire de services intellectuels », mais plutôt celui de faciliter l'identification des meilleures alternatives possibles, pour l'Autorité contractante.

La gestion d'une mission est une autre compétence majeure du « Prestataire de services intellectuels ». Basée sur l'expérience, la maîtrise d'une mission est associée à la gestion du temps, à l'organisation des tâches et à l'aptitude à apporter un regard extérieur sur la problématique du besoin de l'Autorité contractante.

Les capacités analytiques du Prestataire de services intellectuels font également la différence. Pour répondre efficacement et rapidement aux attentes d'une Autorité contractante, le Prestataire intellectuel doit faire appel à la logique, avec un examen structuré et en profondeur de la mission avec des indicateurs pouvant rendre compte des progrès accomplis vers la réalisation des objectifs déclinés dans les termes de référence.

2.2.1 Qualités du Prestataire de services intellectuels

On ne peut évoquer les compétences du Prestataire de services intellectuels sans parler de sa relation avec le client. Les expériences, le savoir-faire, le professionnalisme ne signifient rien pour un Prestataire de services intellectuels s'il est incapable d'établir une communication et une relation de confiance avec ses clients. Il doit développer une relation professionnelle réussie caractérisée par la réactivité, la flexibilité et la rigueur. Au-delà de ses aptitudes et compétences professionnelles, le Prestataire intellectuel doit :

- être sociable, efficace, expérimenté et organisé ;
- avoir d'excellentes capacités de communication ;
- être en mesure de s'adapter à n'importe quel environnement de travail, mais aussi autonome et professionnel

2.3 RAISONS POUR ENGAGER UN PRESTATAIRE.

Plusieurs raisons peuvent motiver une Autorité contractante à s'attacher les services d'un « Prestataire de services intellectuels », notamment lorsqu'elle recherche des valeurs empreintes de crédibilité, objectivité, etc.

L'expertise spécialisée, il est fait recours aux services d'un « Prestataire de services intellectuels » lorsqu'on a besoin d'une expertise spécialisée dont on ne dispose pas au sein de son équipe. Cela permet d'être bien conseillée, de bénéficier de nouvelles approches et de traiter des problèmes critiques.

La crédibilité : un « Prestataire de services intellectuels » peut être sollicité pour présenter un rapport dans le but d'appuyer une décision qui a été prise par une Autorité contractante. Le capital-confiance dont disposent les « Prestataires de services intellectuels » les rend crédibles et peut appuyer des décisions à prendre qui relèvent de leurs champs de compétences.

L'objectivité : une Autorité contractante peut désirer obtenir un point de vue objectif sur une situation complexe qui implique plusieurs personnes à l'intérieur de sa structure.

Du fait de son appartenance à une organisation, même la personne la plus qualifiée risque, dans l'analyse d'un problème et la définition de solutions pratiques, d'être influencée par ses implications personnelles, ses habitudes et ses façons de voir les choses.

Le « Prestataire de services intellectuels » est un expert qui doit être indépendant de tout intérêt personnel dans l'exercice de sa mission afin de donner son avis sur une situation en toute objectivité.

Une Capacité de travail accrue : il arrive souvent, au niveau d'une Autorité contractante, que les cadres disponibles ne soient pas à même de réaliser une étude compte tenu de leur charge de travail.

Dans cette situation, le recours, pour la durée du projet ou de la tâche à réaliser, à un Prestataire de services intellectuels caractérisé par une grande disponibilité et une bonne réactivité est nécessaire.

Grâce à son expérience, celui-ci pourra effectuer un diagnostic rapide de la situation de la mission et réaliser la mission dans les meilleurs délais.

La Confidentialité : parfois, une Autorité contractante peut vouloir faire effectuer des études et garder confidentielles les conclusions issues de cette consultation. Les Prestataires de services intellectuels sont tenus à l'obligation de confidentialité sur les missions qu'ils réalisent.

2.4 LA TYPOLOGIE DES ENTREPRISES DE CONSEILS.

Le terme Prestataire de services intellectuels ou consultants convient à toute personne (ou groupe de personnes) qui répond à une demande d'assistance d'une autorité contractante.

Le Prestataire de services intellectuels ou Consultant peut être un individu seul ou une équipe de personnes sollicitée pour son expertise. Il sera distingué trois catégories de prestataires de services intellectuels.

Les **grandes firmes multi -domaines,** qui interviennent généralement au niveau international.

Bien que présentant des cursus différents elles sont généralement ouvertes à de nombreuses activités : la plupart proposent des services en stratégie, organisation, management, informatique, etc.

Chacune de ces firmes relève la plupart du temps d'un ensemble de filiales gérées de manière indépendante, mais peut se regrouper en mettant en avant leur image de marque et des standards de qualité. Il est souvent possible de les classer de manière approximative en fonction de leur domaine « phare ». Dans les groupements de prestataires, elles jouent généralement le rôle de chef de file.

Les cabinets plus spécialisés, de taille variable (souvent régionaux ou nationaux), ils s'appuient, en général, sur quelques dizaines d'experts de qualité et leur tarification est moins élevée que celle des multinationales du fait de leurs frais de structure plus légers.

Les « Prestataires de services intellectuels » indépendants

Les « Prestataires de services intellectuels » indépendants qui peuvent être des spécialistes ou des généralistes, présentent généralement des tarifications moins élevées que les experts dans les firmes, car ayant peu de frais de structure, et travaillent généralement longtemps avec ses clients.

Le « Prestataire de services intellectuels » spécialiste se concentre dans un secteur donné, par exemple, la formation en passation de marchés, l'informatique entre autres. Ils s'associent parfois pour élargir leur offre de services.

Le « Prestataire de services intellectuels » généraliste a, quant à lui, une très bonne formation de base et une expérience de plusieurs années dans un secteur donné et peut offrir une expertise variée. Il peut offrir ses services pour des études dans plusieurs secteurs économiques. La plupart des Prestataires de services intellectuels en ce qui concerne les marchés publics sont répertoriés au sein de :

***Firmes qui peuvent être :**

- des bureaux d'études ;
- des cabinets d'audit ;
- des firmes d'ingénierie ;
- des universités ;
- des instituts de recherche ;
- des banques d'affaires ;
- des Organisations non gouvernementales (ONG).

***Individualités** qui sont des experts en tout genre ou « Prestataires de services intellectuels » indépendants.

Il arrive que des entreprises publiques ou des institutions publiques se mettent en position de Prestataire de services intellectuels. Elles sont admises à participer aux marchés publics, si elles peuvent établir :

- qu'elles jouissent de l'autonomie juridique et financière ;
- qu'elles sont gérées selon les règles du droit commercial ;
- qu'elles ne sont pas des organes qui dépendent ou, qui sont sous la tutelle de l'Autorité contractante.

A titre exceptionnel, lorsque les services des universités publiques ou des centres de recherche publics sont de nature unique et exceptionnelle et que leur participation est critique pour l'exécution d'un projet, il est possible d'accepter qu'ils soient retenus au cas par cas. Pour des raisons similaires, les professeurs d'université ou les chercheurs et autres personnels scientifiques des instituts de recherche peuvent aussi être retenus individuellement.

Les autres agents de l'État peuvent également être engagés pour des marchés publics portant sur des services de conseil, à titre individuel ou en tant que membres de l'équipe d'un bureau de « Prestataires de services intellectuels ». Les agents de l'État pour pouvoir être utilisés en qualité d'experts dans une mission de prestations intellectuelles doivent remplir certaines conditions.

La toute première condition : ils ne doivent pas être, au service de l'Autorité contractante, pour laquelle ils travaillaient avant, leur emploi en qualité de « Prestataires de services intellectuels ». Il ne doit pas y avoir de conflits d'intérêts.

La deuxième condition, du fait qu'il ne peut émarger par deux fois sur le budget de l'État, pour des questions de rémunération, s'il a obtenu l'aval de l'Administration, il sera en congé sans solde.

Les anciens agents de l'Administration peuvent aussi prêter leurs services à des bureaux d'études ou travailler en qualité de prestataires individuels s'ils sont à la retraite ou si leur employabilité n'engendre aucun conflit d'intérêts.

2.5 PRINCIPES DIRECTEURS PAR LA PASSATION DE MARCHÉS DE PRESTATIONS INTELLECTUELLES

Les règles à observer pour l'emploi des Prestataires de services intellectuels dépendent de circonstances propres à chaque cas. Leur sélection est guidée par quatre considérations majeures :

- transparence dans le processus de sélection ;
- la nécessité d'obtenir des services de haute qualité ;
- l'obtention de services dans de bonnes conditions financières ;
- la nécessité de donner à tous les « Prestataires de services intellectuels » éligibles ayant les qualifications requises, la possibilité de concourir pour l'obtention des marchés.

Dans la majorité des cas, le meilleur moyen de prendre en compte ces considérations est de mettre en concurrence des « Prestataires de services intellectuels » qualifiés en utilisant une liste restreinte, puis de choisir un Candidat sur la base de la qualité technique de sa proposition et, le cas échéant le coût des services à fournir.

2.6 ASSOCIATION DE « PRESTATAIRES INTELLECTUELS ».

L'association est une démarche volontaire, entre « Prestataires intellectuels » dans le cadre d'un projet ou sous la forme d'une coentreprise pour :

- accroître l'efficacité dans le travail par un renforcement des compétences ;
- mettre en commun des moyens techniques et financiers ;
- donner accès à un vivier plus important d'experts ;
- offrir des approches ou méthodologies meilleures,
- et dans certains cas offrir des prix inférieurs.

Il n'y a pas de maximum de membres pour une association et le choix dépend des cabinets de « Prestataires de services intellectuels ». Il peut s'agir d'une association de longue durée, indépendante de toute mission précise ou d'une association limitée à une mission donnée. Si l'Autorité contractante engage une association sous la forme d'une coentreprise, ladite association doit désigner l'un des « Prestataires de services intellectuels » pour représenter l'association.

Au cas où le chef de file est désigné, chaque associé doit fournir du personnel ou prendre part effectivement à la fourniture de service, sinon ladite association n'est pas valide et ne doit pas être prise en considération dans l'évaluation des manifestations d'intérêts ou des propositions techniques. Tous les responsables de structures participant à une coentreprise ou à l'association doivent signer le marché et sont conjointement et solidairement responsables de la réalisation de l'ensemble de la mission.

Une fois une liste restreinte finalisée et les Demandes de propositions adressées aux Candidats figurant sur la liste restreinte, toute association sous forme de coentreprise ou de sous-traitance entre les Candidats figurant sur cette liste n'est possible qu'avec l'accord de l'Autorité contractante.

On ne peut exiger des « Prestataires de services intellectuels » qu'ils s'associent avec un particulier choisi parmi un groupe de « Prestataires de services intellectuels », mais il est possible d'encourager la création d'associations avec des « Prestataires de services intellectuels » qualifiés.

**** ***

CHAPITRE III

DÉTERMINATION DES BESOINS EN MARCHÉS DE PRESTATIONS INTELLECTUELLES

3.1 PLANIFICATION DES MARCHÉS

L'une des exigences fondamentales des Codes des marchés publics est que, les besoins de l'Autorité contractante soient précisément définis, avant le lancement de toute procédure de passation du marché.

La planification des marchés consiste à définir le calendrier de chacune des étapes de la passation des différents marchés de prestations intellectuelles en tenant compte du plan de charge de chacun des services ou directions concernés et des contraintes d'ordre réglementaire, logistique ou politique.

La planification des marchés se fait généralement de manière annuelle et repose sur la valorisation et l'anticipation des besoins regroupés au sein de programmes stratégiques d'acquisition. De manière spécifique, la planification des marchés vise à donner une visibilité sur les investissements envisagés par une Autorité contractante à court ou moyen terme en fonction, d'une part, des ressources disponibles, et d'autre part, des besoins à satisfaire.

3.1.1 Expression des besoins par les utilisateurs finaux.

À la suite de l'approbation du Plan de Passation des marchés, il doit être procédé à la publication d'un Avis général de passation des marchés (AGPM) à la récapitulation des besoins en études et conseils, à l'analyse et l'établissement de la liste des études qui seront confiées à des firmes et « Prestataires » individuels.

La détermination préalable des besoins suppose une définition précise des prestations à obtenir (ce qu'il faut et quel est le service attendu) en tenant compte du contexte dans lequel ces prestations doivent pouvoir être assurées (délais, lieu(x) d'exécution, contraintes organisationnelles).

Les besoins de l'Autorité contractante sont exprimés au travers des termes de références. On appelle « Termes de référence » le document de quelques pages qui permet à l'Autorité contractante de passer commande à un Prestataire de services intellectuels pour lui expliquer ce qu'elle veut et pourquoi elle le veut.

Le texte des Termes de référence est le principal, voire le seul élément dont dispose le Prestataire de services intellectuels pour élaborer sa méthodologie. Ainsi, la qualité d'une consultation dépend à 50 % de celle des Termes de référence qui constituent, le moyen de communication entre les différents acteurs impliqués dans la passation des marchés de prestations intellectuelles.

La détermination précise des besoins est le gage d'une bonne compréhension et d'une bonne exécution des marchés de prestations intellectuelles. Pour une bonne préparation de chaque mission, il est indispensable d'estimer, de manière minutieuse, les différents coûts qui devront concourir à leur mise en œuvre pour pouvoir établir des dotations budgétaires réalistes. Cette estimation sera basée sur l'évaluation, par l'Autorité contractante, des ressources nécessaires pour accomplir chacune des missions à confier à des « Prestataires de services intellectuels ».

3.1.1.1 <u>Évaluation des besoins en conseils.</u>

Pour chaque mission, l'Autorité contractante doit définir le plus précisément possible le travail à accomplir en décrivant les activités qui devront être examinées et les objectifs à atteindre. Il lui faudra préciser aussi les conditions et les raisons qui motivent l'engagement du Prestataire de services intellectuels, en identifiant les problèmes potentiels, en déterminant les ressources disponibles et en fixant les contraintes de temps.

Il y a une corrélation entre l'effort consacré par l'Autorité contractante pour planifier comment, utiliser les services d'un Prestataire de services intellectuels et les bénéfices qu'elle peut en retirer. Il est important que le « Prestataire de services intellectuels » puisse cerner les domaines qui nécessitent son intervention et impliquer les personnes sous la tutelle de l'Autorité contractante.

En effet, lorsque les ressources humaines internes participent à la préparation du programme d'intervention, celui-ci peut être défini avec plus de précision, les participants peuvent être plus motivés à le réaliser et les chances de succès en sont accrues.

De son côté, le « Prestataire de services intellectuels » devra définir sa compréhension du problème et le plan de travail qu'il préconise. Ce plan de travail doit inclure les objectifs poursuivis, la méthodologie prévue, le calendrier des activités, les ressources professionnelles utilisées et le budget de consultation.

3.1.1.2 <u>Évaluation des charges pour chaque mission.</u>

Le coût doit être estimé de manière minutieuse et réaliste, et refléter les paramètres des termes de référence. L'estimation des coûts doit rester dans le budget établi pour la tâche et éviter que les propositions surpassent le budget d'un montant considérable.

En matière de prestations intellectuelles, il y a dans la détermination des coûts une étroite corrélation entre le budget prévisionnel et le nombre « d'Hommes-mois » ou « d'Hommes-jour » nécessaire pour atteindre les résultats désirés.

Les charges pour un Prestataire de services intellectuels sont généralement réparties en deux grandes catégories, les honoraires ou rémunérations (selon le type de marché), calculés en fonction de deux paramètres, le prix et la charge de travail mesurés en termes d'homme-jour ou jour-homme en frais remboursables et frais divers.

Pour la détermination des coûts de chaque expert eu égard au nombre de jours nécessaires pour accomplir une tâche, il est important de tenir compte de ses honoraires et frais remboursables d'une part, de l'appui logistique et des moyens matériels (véhicules, matériel informatique, matériel de laboratoire d'autre part.

3.1.2 L'allotissement des marchés de prestations intellectuelles.

De manière générale, il est fait de l'allotissement un principe, lorsque l'objet du marché permet l'identification de prestations distinctes. S'il peut être divisé en ensembles cohérents, un marché peut être passé en lots séparés afin de susciter une large concurrence.

Le nombre des lots, ainsi que leur consistance doivent être définis en amont de la procédure, par l'Autorité contractante qui dispose en ce domaine, d'un large pouvoir d'appréciation.

Le recours au marché unique est ainsi permis soit en cas d'impossibilité d'identifier des prestations distinctes, soit si l'allotissement entraîne une exécution du marché plus complexe ou plus coûteuse.

Les marchés de prestations intellectuelles portant sur un même objet par exemple « Audit des marchés publics passés par les Autorités contractantes au titre de l'année 2019 » ne doivent pas être allotis dès lors que des prestations distinctes ne peuvent être identifiées. Il serait plus judicieux de passer plusieurs Demandes de propositions avec comme facteurs distinctifs, la localisation ou l'Autorité concernée.

Chaque Demande de propositions aura une liste restreinte qui lui est propre. Il serait tout à fait à propos, d'indiquer que les Candidats pourraient se présenter pour plusieurs consultations en proposant pour chaque dossier des experts distincts.

Même si textes sont muets sur l'allotissement des prestations intellectuelles, ce mode opératoire est à éviter. Il est vrai que l'allotissement est destiné à favoriser la concurrence et l'accès à la commande publique, mais il faut cependant être conscient des risques qu'engendrerait une parcellisation excessive des prestations.

Un découpage excessif peut avoir un effet inverse par rapport à ce qui était souhaité. Les montants des prestations issus de découpage trop restrictivement défini pourrait se révéler faible pour intéresser des Candidats.

Un découpage peut aussi rendre techniquement difficile ou financièrement coûteuse l'exécution des prestations si l'Autorité contractante n'est pas en mesure d'assurer l'organisation, le pilotage et la coordination.

3.1.3 Détermination des méthodes de sélection.

Le choix d'une méthode de sélection adéquate est un facteur de succès pour une mission, car elle influence la qualité des « Prestataires » à recruter. Les principales méthodes de sélection de « Prestataires » utilisées ou Procédures prévues au Code des marchés publics (PPCM pi) sont :

- **la Sélection Qualité technique et du montant de la proposition (sélection qualité coût (SQC)** ou Sélection sur la base de la Qualité technique et du Coût (SBQC) pour les standards internationaux ;
- **la sélection de la meilleure proposition financière (SMPF)** ou (sélection moindre coût (SMC) pour les standards internationaux ;
- **la sélection sur la qualité technique de la proposition (sélection qualité seule) (SQS)** ou (sélection basée sur la qualité de la Proposition technique (SBQT) pour les standards internationaux ;
- **la sélection sur un budget prédéterminé (SBP)** ou (sélection sur la base d'un budget fixe) (SBBF) pour les standards internationaux.

**** ***

CHAPITRE IV

PROCÉDURES DE PASSATION MARCHÉS DE PRESTATIONS INTELLECTUELLES

Pour s'attacher les services d'un prestataire de services intellectuels, l'Autorité contractante après avoir fait paraître un AGPM, doit estimer son besoin, retenir des critères de sélection à pondérer selon la méthode de passation des marchés de prestations intellectuelles utilisée.

Les différentes méthodes de passation des marchés de prestations intellectuelles sur la base de la Demande de propositions élaborée par l'Autorité contractante nécessitent l'utilisation de critères de sélection, à pondérer en fonction de l'importance de l'étude technique dans la mission envisagée.

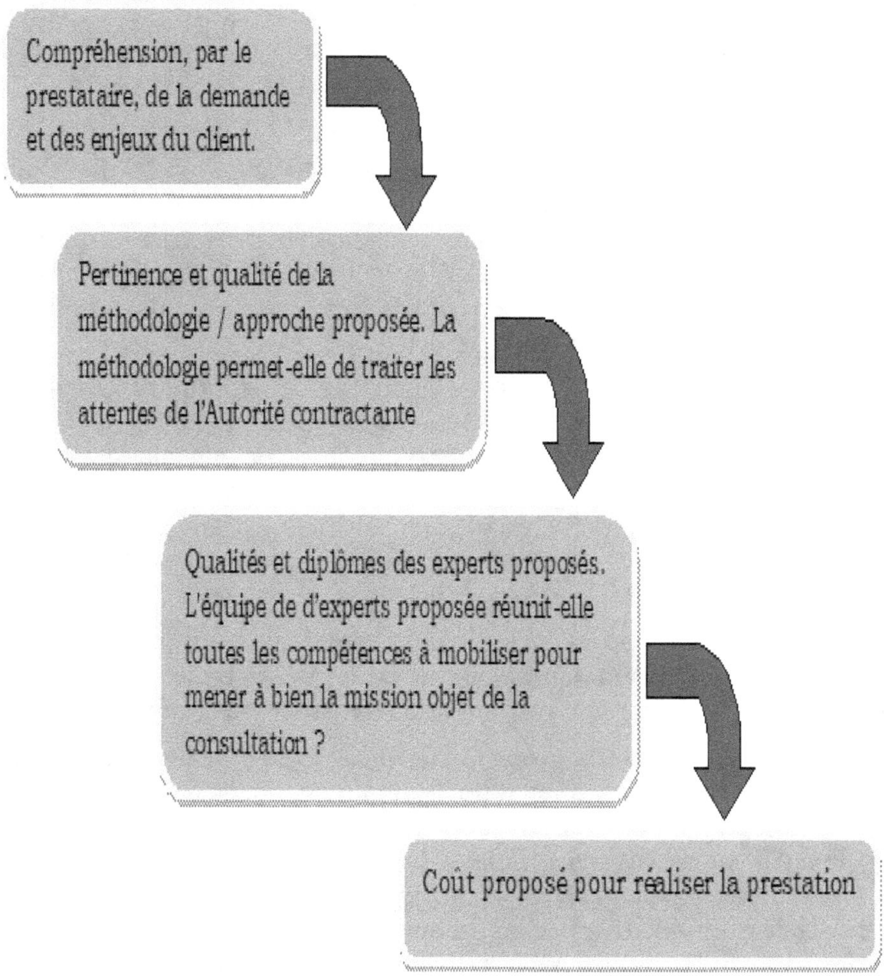

4.1 MÉTHODES DE PASSATION DE MARCHÉS PRÉVUES.

Les principales méthodes de sélection de « Prestataires » utilisées ou Procédures prévues au Code des marchés publics (PPCM pi) sont au nombre de quatre :

- la sélection sur la base de la qualité technique et du montant de la proposition financière ;
- la Sélection sur la base de la Qualité technique et du montant de la proposition (sélection qualité coût) ;
- la sélection sur la base de la meilleure proposition financière ;
- la sélection sur la base de la qualité technique de la proposition (sélection qualité seule) ;
- la sélection sur un budget prédéterminé.

La ligne directrice de toutes les méthodes consiste à mettre en concurrence des Candidats figurant sur une liste restreinte, en prenant en compte la qualité technique de leur proposition en y associant parfois le coût de réalisation, pour choisir un Prestataire.

L'appréciation de la qualité technique de la proposition se fait à travers différents critères consignés dans la Demande de Propositions : la compréhension des termes de référence ; la pertinence et qualité de la méthodologie c'est-à-dire de l'approche du prestataire pour conduire la mission ; les qualifications et diplômes des experts proposés et l'expérience du prestataire.

La qualité de l'équipe d'experts se mesure par rapport aux attentes du client et aux enjeux spécifiques de la mission. Parmi les critères figurent : la qualification et les diplômes de chacun des experts proposés ; la connaissance générale du secteur dans lequel, s'insère la mission et les spécificités du secteur ; l'importance des missions « similaires ».

Dans l'expérience du prestataire, il est important de voir y figurer, des références par rapport à la mission, notamment en faisant ressortir, leur adéquation aux attentes et à la problématique de l'Autorité contractante ; leur niveau d'ambition par rapport à ce qui est recherché.

L'appréciation de la proposition financière est réalisée grâce à une pondération, c'est-à-dire un poids qui lui est affecté dans le système de notation par rapport à la note globale dont les termes sont préalablement consignés dans la Demande de propositions. Le critère coût est un facteur de sélection à utiliser judicieusement, la pondération relative par rapport au score total ou la notation globale est à de fixer au cas par cas, selon la nature de la mission.

Le rapport 80/20 (note technique égale à 80 % de la note globale et note financière égale à 20 % de la note globale) est le rapport de pondération idéal pour les missions passées suivant la méthode « Sélection Qualité technique et montant de la proposition » et la méthode de sélection sur la qualité technique de la proposition.

Pour les missions courantes ou les orientations techniques sont connues d'avance, il est judicieux d'augmenter la part de la note financière, car en dernière instance, elle constitue le facteur de discrimination le plus significatif. Il est alors possible d'utiliser le rapport 60/40 (note technique égale à 60 % de la note globale et note financière égale à 40 % de la note globale) qui est le rapport de pondération idéal pour les missions à passer suivant la méthode « la sélection de la meilleure proposition financière (SMPF).

4.1.1 <u>La sélection sur la base de la qualité technique et du montant de la proposition</u>

La sélection sur la base de la qualité technique et du montant de la proposition ou sélection qualité -coût (SQC) est celle utilisée par défaut ; c'est-à-dire chaque fois que l'on n'est pas en mesure de déterminer de manière formelle quelle méthode utiliser.

La sélection sur la base de la qualité technique et du montant de la proposition ou sélection qualité -coût (SQC) est celle utilisée par défaut ; c'est-à-dire chaque fois que l'on n'est pas en mesure de déterminer de manière formelle la méthode pour s'attacher les services d'un prestataire intellectuel ou consultant.

La procédure de sélection basée sur la qualité technique et du montant de la proposition financière (sélection qualité -coût) (SQC) est déroulée en 15 étapes. Ces étapes se suivent de manière chronologique après que les termes de références soient validés et approuvés au niveau des services compétents de l'Autorité contractante. Les étapes de la méthode Qualité-coût sont :

1) la publicité de la manifestation d'intérêt ;
2) l'établissement de la liste restreinte ;
3) la préparation et émission de la Demande de propositions (DP) qui doit inclure : la Lettre d'invitation, les Instructions aux Candidats (IC), les Termes de référence et le projet de marché proposé (au forfait ou au temps passé) ;
4) l'Avis de non-objection de la Direction du Contrôle des marchés publics sur la Demande de propositions (si requis) ;
5) la réception des propositions et ouverture publique des plis contenant les propositions ;

6) l'évaluation des propositions techniques ;
7) l'Avis de non-objection Direction du Contrôle des marchés publics sur rapport d'évaluation des propositions techniques ;
8) la convocation de la Commission de Passation des marchés publics et Candidats retenus ;
9) l'ouverture publique des propositions financières ;
10) l'évaluation des propositions financières ;
11) l'évaluation consolidée de la qualité et du coût ;
12) la publication d'un avis d'attribution provisoire ;
13) le procès-verbal de négociations techniques et financières et des conditions d'exécution du marché avec le prestataire classé premier au terme de la procédure ;
14) l'Avis de non-objection Direction du Contrôle des marchés publics sur le projet de contrat négocié ;
15) la publication d'un avis d'attribution provisoire.

4.1.2 La Sélection sur la base de la qualité seule

La méthode de sélection qualité seule (SQS) convient aux missions :

- complexes ou très spécialisées pour lesquelles, il est difficile de définir précisément les Termes de référence comme celles se rapportant à études économiques ou sectorielles sur le pays, préparation d'un schéma directeur d'aménagement urbain ;
- ayant un impact très marqué en aval et pour lesquelles l'objectif est d'obtenir les services des meilleurs experts (par exemple, études de faisabilité et dossiers techniques d'importants projets d'infrastructures, la construction de grands barrages, des études générales de portée nationale) ;
- pouvant être réalisées de manières sensiblement différentes et pour lesquelles les propositions sont difficilement comparables (par exemple, conseils en gestion pour lesquelles la valeur des services dépend de la qualité de l'analyse).

Pour de telles missions, la Demande de propositions fournit soit le budget estimatif, soit des estimations du temps de travail du personnel-clé (par exemple, en hommes-mois), en précisant toutefois que, ces données sont fournies à titre indicatif et que les « Prestataires de services intellectuels » sont libres de soumettre des estimations qui leur sont propres.

La Demande de propositions peut exiger la remise d'une proposition technique seulement (sans proposition financière), ou la remise simultanée des propositions technique et financière, mais sous plis séparés (système de la double enveloppe).

4.1.2.1 Sélection sur la base de la qualité seule avec remise d'une proposition technique

Au cas où la Demande de propositions n'exige que la remise de propositions techniques, ces propositions techniques sont évaluées selon la même façon que l'on procéderait pour la partie technique de la sélection qualité-coût.

Au terme de l'évaluation des propositions techniques, il est demandé au Candidat qui a remis celle ayant obtenu la note la plus élevée de remettre une proposition financière détaillée.

L'Autorité contractante et le prestataire classé premier procèdent aux négociations techniques. La proposition financière fera à son tour l'objet de négociations en vue de la conclusion d'un contrat.

Tous les autres aspects du processus de sélection sont identiques à ceux de la méthode de sélection qualité-coût (SQC), y compris la publication de l'attribution. Seul le prix offert par le prestataire retenu est publié.

4.1.2.2 Sélection sur la base de la qualité seule avec remise simultanée de proposition technique et financière

Si les « Prestataires de services intellectuels » ont été initialement invités à remettre simultanément une proposition technique et une proposition financière, il est procédé au terme de l'évaluation des propositions techniques, à l'ouverture de la seule proposition financière, du Candidat ayant obtenu la meilleure note technique.

Des négociations techniques et financières sont engagées avec le Candidat classé premier dont la proposition technique a été ouverte. Si les négociations aboutissent, un contrat est conclu avec ce dernier. Dans le cas contraire, l'Autorité contractante met fin aux négociations avec ce candidat. Il est dressé un rapport circonstancié et les négociations avec le Candidat classé second.

Des négociations techniques et financières sont alors engagées avec ce Candidat désormais classé premier. Si les négociations sont menées à bon port, il est signé un contrat.

Les autres aspects du processus de sélection sont déroulés y compris la publication de l'attribution définitive en indiquant exclusivement le prix du prestataire retenu.

Les autres propositions financières qui avaient été déposées par les autres Candidats ne doivent, en aucun cas être ouvertes. Elles resteront fermées durant tout le processus et seront renvoyées, aux autres Candidats non retenus au terme du processus de contractualisation.

4.1.3 <u>Sélection dans le cadre d'un budget prédéterminé</u>

La méthode de Sélection dans le cadre d'un budget prédéterminé (SBP) ou sélection budget fixé (SBF) pour les standards internationaux, est une méthode convient uniquement pour les missions simples, qui peuvent être définies de manière précise.

Suivant les dispositions de cette méthode, la Demande de propositions doit indiquer le budget disponible, en invitant les Candidats à soumettre, sous plis séparés, leurs meilleures propositions technique et financière dans les limites de ce budget.

Les Termes de référence sont à établir avec un soin particulier, pour s'assurer que le budget est suffisant pour permettre aux « Prestataires de services intellectuels » d'exécuter les prestations.

Les propositions techniques sont évaluées d'abord, comme dans le cas de la méthode de sélection qualité-coût, puis les propositions de prix sont ouvertes en séance publique et les prix sont lus à voix haute. Il est dressé un procès-verbal d'ouverture des plis, qui accompagnera le rapport d'analyse des propositions financières.

L'analyse des propositions financières se limite à la vérification des calculs et la concordance entre le montant total en lettres et celui exprimé en chiffres. Le montant en lettres faisant foi. Lors de l'analyse des propositions financières ouvertes en public, dans le cadre de la Sélection sur la base d'un budget prédéterminé (SBP), celles d'un montant supérieur au budget indiqué dans la Demande de propositions sont rejetées.

Parmi les propositions dont le montant ne dépasse pas le budget, c'est-à-dire les propositions financières que l'Administration est en mesure de payer, compte tenu du budget alloué ; il sera retenu celle dont la proposition technique a eu la meilleure note.

Les négociations techniques et financières sont engagées avec cet attributaire provisoire, si elles aboutissent, il est signé un contrat, il est alors déroulé les autres aspects du processus de sélection y compris la publication de l'attribution définitive.

4.1.4 <u>Sélection sur la base de la meilleure proposition financière</u>

La méthode de sélection sur la base de la meilleure proposition financière (SMPF) ne s'applique que pour des missions courantes (audit, expertise comptable, etc.) ; c'est-à-dire des prestations pour lesquelles il existe des pratiques bien établies ou la méthodologie est connue. La méthode consiste à fixer une note de qualification technique minimum et à inviter les Candidats figurant sur une liste restreinte à remettre des propositions sous deux enveloppes séparées sur la base d'une Demande de propositions du type utilisé pour la sélection qualité coût.

Cette méthode de sélection exige, en premier lieu, une ouverture publique des propositions techniques. Celles-ci sont évaluées, les propositions qui n'atteignent pas la note de qualification technique minimale fixée dans les Données particulières de la Demande de propositions, sont éliminées. Les propositions financières des Candidats ayant dépassé ce cap fixé dans les Données particulières de la Demande de propositions sont ouvertes ultérieurement en séance publique, et la proposition dont le prix est le plus bas est retenue.

4.1.5 <u>Sélection de Candidats individuels.</u>

Ces prestataires individuels sont utilisés lorsque l'expérience et les qualifications de l'individu sont la considération prédominante. Pour les missions de faible ampleur (moins de cinq millions de FCFA) comme la modération d'un atelier de travail, exploiter au moins trois curricula Vitae. Il serait alors possible d'utiliser comme mode de passation de marchés, une méthode que l'on pourrait baptiser la « Méthode de Sélection sur la base du CV en abrégé (SCV). Cette méthode consiste à comparer au moins trois CV de "Prestataires de services intellectuels" de même catégorie socioprofessionnelle.

Après évaluation, il sera demandé au Prestataire présentant le meilleur profil de par son Curriculum vitae, à qui il sera transmis les termes de référence, de déposer une proposition financière qui sera évaluée. L'acceptation de la proposition financière conduira à des négociations techniques et financières nécessaires à la conclusion du contrat de prestations. Cependant, il reste possible d'utiliser la méthode de Sélection meilleure proposition financière, le Curriculum vitae faisant office de proposition technique.

4.1.6 <u>Sélection de Candidats missions simples.</u>

Pour les missions simples, il est plus indiqué d'utiliser la méthode de "Sélection Qualification du Prestataire" en abrégé (SQP). Cette méthode consiste, à comparer les plaquettes d'au moins trois firmes de même rang et de choisir celle qui présente le meilleur profil, eu égard aux critères dégagés, par l'Autorité contractante pour établir sa liste restreinte.

Il ne sera demandé qu'à la firme présentant le meilleur profil, après évaluation, sur la base des Termes de référence qui lui seront transmis, de déposer une proposition financière, qui sera, elle aussi évaluée. La conduite de la mission, si la proposition financière est acceptée, fera l'objet de négociations et, si ces dernières sont concluantes, cela débouchera sur la conclusion d'un contrat.

DIFFÉRENTES MÉTHODES DE SÉLECTION DE CONSULTANTS

Mode sélection	**SQC** **Sélection qualité et coût**	**SQS** **Sélection qualité seule**	**SMPF** **Sélection meilleure proposition financière**	**SBP** **Sélection par Budget prédéterminé**
Utilisation	Termes de références et envergure de la mission clairement définis. Qualité requise avec effet important	Grand impact en aval. Lorsque Termes de références ou coûts très difficiles à définir	Missions de routines standards	Budget fixé, Termes de références très précis et définis. Travail connu d'avance sans variations
Exemples	Études, supervision de travaux, assistance technique, passation de marchés, formations	Études pour des investissements complexes, projets complexes et de vaste ampleur. Les ONG sont souvent impliquées	Audits comptables et financiers, supervision de travaux simples, travaux de maintenance, inspections, enquêtes et études simples.	Études et enquêtes de portée limitée, études de faisabilité simples, identification, encadrement de projet.
Budget	Indication en H/m ou H/j	Indication en H/m ou H/j	Indication en H/m ou H/j	Budget fixé est communiqué
Pondération	80/20 ou 70/30	80/20	60/40	80/20
Modalités soumission	2 enveloppes Technique et Financière	2 enveloppes Technique et Financière Ou 1 enveloppe Technique seule	2 enveloppes Technique et Financière	2 enveloppes Technique et Financière
Attributaire	Meilleure combinaison Qualité-coût	Meilleure proposition technique	Moins-disant dont la note technique est supérieure au score technique minimum	Meilleure proposition technique respectant le budget

80/20 Note technique 80 % et note financière 20 %

70/30 Note technique 70 % et note financière 30 %

60/40 Note technique 60 % et note financière 40 %.

Nota bene

La méthode de sélection qualité-coût peut être utilisée, en remplacement, de la méthode de sélection sur la base de la meilleure proposition financière, uniquement pour les cas précis ou routiniers dans lesquels la composante intellectuelle est minime.

Il conviendra, pour l'utilisation, sans créer de distorsion dans le processus de sélection, de porter les coefficients de pondération à la proportion 60/40 (note technique égale à 60 % de la note globale et note financière égale à 40 % de la note globale).

Il s'agit d'accorder un poids important, à la proposition financière, car en dernière instance, elle constitue le facteur de discrimination le plus significatif.

4.1.7 Méthodes utilisées par les standards internationaux.

Pour la passation des marchés pour les missions extrêmement simples, par exemple, la médiation d'un symposium, il est souvent fait cas de la procédure de Demande de Renseignements et de prix.

Pour l'utilisation des services d'un prestataire de services intellectuels, indubitablement, il arrivera un moment dans la procédure, où il faudra inclure l'appréciation des connaissances intellectuelles du Candidat, or cela ne peut se mesurer qu'en termes de points.

Il faudra donc combiner cette appréciation en points avec la proposition financière, ce qui ne peut se faire avec une DRP. Force est de reconnaître que la DPR est plus indiquée pour les travaux, fournitures et services physiques.

4.1.7.1 La méthode par entente directe

La procédure de recrutement d'un Prestataire de services intellectuels par Entente directe n'est pas souvent clairement déclinée. Il est vrai que la sélection de « Prestataires de services intellectuels » par Entente directe est rarement utilisée.

La justification de cette méthode est à considérer dans le contexte des intérêts globaux de l'Autorité contractante. Cette méthode de sélection n'est acceptable que si elle présente un net avantage par rapport à l'appel à la concurrence :

- pour les missions qui sont le prolongement naturel d'activités menées par le Prestataire de services intellectuels concerné ;
- lorsqu'une entreprise est la seule à posséder les qualifications voulues ou présente une expérience d'un intérêt exceptionnel pour la mission considérée.

Exemple : Le Ministère de la Pêche peut vouloir s'attacher les services du Centre de recherches océanographiques de Thiaroye (CRODT) pour « concevoir, valider et mettre en place un système de collecte et de suivi des statistiques des pêches au Saloum et en Casamance » en Appui à un projet d'Aménagement des Pêcheries »'.

La voie la plus indiquée, pour une telle mission, c'est d'aller en négociations avec cet Institut, pour une Entente directe, sur une autorisation préalable de la Direction du Contrôle des marchés publics, car cette entente se justifie, le Centre de recherches océanographiques de Thiaroye est le seul centre au Sénégal, à collecter des données sur la pêche et la pêcherie et à traiter des statistiques de pêches.

4.1.7.2 Sélection de Candidats individuels.

Ces prestataires individuels sont utilisés lorsque l'expérience et les qualifications de l'individu sont la considération prédominante. Pour les missions de faible ampleur (moins de cinq millions de FCFA) comme la modération d'un atelier de travail, exploiter au moins trois curricula Vitae.

Il serait alors possible d'utiliser comme mode de passation de marchés, une méthode que l'on pourrait baptiser la « Méthode de Sélection sur la base du CV en abrégé (SCV).

Cette méthode consiste à comparer au moins trois CV de "Prestataires de services intellectuels" de même catégorie socioprofessionnelle. Après évaluation, il sera demandé au Prestataire présentant le meilleur profil de par son Curriculum vitae, à qui il sera transmis les termes de référence, de déposer une proposition financière qui sera évaluée.

L'acceptation de la proposition financière conduira à des négociations techniques et financières nécessaires à la conclusion du contrat de prestations. Cependant, il reste possible d'utiliser la méthode de Sélection meilleure proposition financière, le Curriculum vitae faisant office de proposition technique.

4.1.7.3 Sélection de Candidats missions simples.

Pour les missions simples, en deçà de (quinze millions de F CFA), il n'est pas rare d'entendre dire que le Prestataire de services intellectuels a été choisi sur la base d'une Demande de renseignements et de prix.

La Demande de renseignements et de prix est une procédure simplifiée pour des travaux, fournitures ou services physiques. Pour les prestations intellectuelles comprises entre trois et quinze millions de F CFA et il est plus indiqué d'utiliser la méthode de "Sélection Qualification du Prestataire" en abrégé (SQP).

Cette méthode consiste, à comparer les plaquettes d'au moins trois firmes de même rang et de choisir celle qui présente le meilleur profil, eu égard aux critères dégagés, par l'Autorité contractante pour établir sa liste restreinte.

Il ne sera demandé qu'à la firme présentant le meilleur profil, après évaluation, sur la base des Termes de référence qui lui seront transmis, de déposer une proposition financière, qui sera, elle aussi évaluée. La conduite de la mission, si la proposition financière est acceptée, fera l'objet de négociations et, si ces dernières sont concluantes, cela débouchera sur la conclusion d'un contrat.

**** ***

CHAPITRE V
ÉLABORATION DES TERMES DE RÉFÉRENCES

A l'instar de ce qui a été dit pour la passation des marchés de travaux, de fournitures et de services physiques, il ne peut être passé de marchés spécifiques de prestations intellectuelles, si un Avis général de passation de marchés n'avait pas été publié.

L'avis général de passation des marchés est une notification à l'avance des marchés préparés par une Autorité contractante, il donne une description générale de l'étendue et des objectifs en matière de marchés publics au cours d'une année. Pour obtenir des "manifestations d'intérêt", l'Autorité contractante y insère aussi, la liste des missions de "Prestations intellectuelles" prévues.

Pour chaque mission spécifique, le moment venu, l'Autorité contractante publiera une demande à manifestations d'intérêt dans un journal de diffusion nationale ou sur un portail électronique dont l'accès est libre.

Pour avoir une vue fine sur la manière de s'attacher les services d'un Prestataire de services intellectuels, il sera déroulé, dans le présent chapitre, toutes les étapes de la Méthode de sélection qualité coût (SQC) qui est aux prestations intellectuelles, ce que l'Appel d'offres ouvert est pour l'acquisition de travaux, fournitures et services physiques.

Ces deux procédures plus que les autres reflètent, mieux le respect des principes directeurs de la passation de marchés. Pour dérouler de la manière la plus complète une procédure de passation de marché de prestations intellectuelles, il sera utilisé la Méthode de sélection qualité coût (SQC).

La Méthode SQC consiste à mettre en concurrence les Candidats de même gabarit ou qui ont des expériences comparables et qui figurent sur une liste restreinte, en prenant en compte la qualité de la proposition et le coût des services pour le choix du Prestataire de services intellectuels.

Pour tirer le meilleur profit de cette combinaison, il est fait recours à une pondération relative des critères de qualité et de coût fixée au cas par cas, selon la nature de la mission.

Une pondération consiste à attribuer aux différentes parts réservées aux propositions techniques et financières un poids ou une valeur relative sous la forme d'un pourcentage ou d'un coefficient.

La procédure de sélection par la » Méthode qualité et Coût » comprend les étapes suivantes :

1. la rédaction des Termes de référence (Tdrs) ;
2. l'estimation des coûts et établissement du budget ;
3. la publicité : annoncer la tâche dans les journaux et/ou des publications techniques nationales (ou selon le cas, international) de grande diffusion ;
4. l'établissement de la liste restreinte de Candidats (sur la base des expressions d'intérêt, et des registres de firmes qualifiées, choisir les meilleurs Candidats pour établir la liste restreinte) ;
5. la préparation et émission de la Demande de proposition (DP) qui doit inclure : la Lettre d'invitation, les Instructions aux Candidats (IC), les Termes de référence et le projet de marché proposé ;
6. Avis de non-objection (ANO) sur la Demande de propositions si requis ;
7. Emission de la Demande de propositions incluant : la Lettre d'invitation, les Instructions aux Candidats (IC), les Termes de référence et le projet de marché proposé ;
8. la réception et ouverture publique des propositions ;
9. l'évaluation et prise en compte de la qualité ;
10. l'ANO sur l'évaluation technique, si requis ;
11. l'ouverture publique des propositions financières ;
12. l'évaluation des propositions financières ;
13. l'évaluation finale consolidée de la qualité et du coût ;
14. l'ANO sur le rapport consolidé si requis ;
15. les négociations et l'attribution du marché ;
16. la préparation du projet de contrat négocié ;
17. l'ANO sur le projet de contrat négocié si requis.

5.1 L'EXPRESSION DES BESOINS SPÉCIFIQUES PAR DES TERMES DE RÉFÉRENCE (TDRS).

La première étape, primordiale, dans une procédure de passation de marchés de prestations intellectuelles est consacrée à détermination des besoins de l'Autorité contractante. En effet, la réussite d'un travail collaboratif se joue avant la première rencontre avec l'équipe du Prestataire. Il est nécessaire que l'Autorité contractante sache, précisément, pourquoi elle fait appel à un prestataire et ce qu'elle attend de ce dernier.

Cette expression des besoins se fait par des termes de référence, que l'Autorité contractante a la responsabilité de préparer, pour chacune des missions qu'elle envisage de confier à un Prestataire de services intellectuels. Les Termes de référence sont, généralement, établis à l'interne, par des agents du service, bénéficiaires finaux des conclusions et recommandations de la mission ou par d'autres « Prestataires intellectuels » spécialisés dans le domaine de la mission envisagée.

Pour satisfaire les sollicitations de l'Autorité contractante, le Prestataire de services intellectuels a d'abord besoin de comprendre globalement le travail qui lui est demandé, ensuite de connaître, en détail, les attentes qu'il doit satisfaire, enfin de pouvoir tenir compte des contraintes qui lui sont imposées.

La préparation des Termes de référence est un exercice parfois complexe. Comme toute commande de service sur « mesure », ils doivent être clairs, fidèles, complets et cohérents.

Clairs : le Prestataire de services intellectuels doit comprendre la commande pour la satisfaire.

Fidèles : les Termes de référence doivent traduire les attentes de l'Autorité contractante et informer objectivement les Candidats sur l'opération à étudier et son contexte.

Complets : ils doivent contenir tous les éléments nécessaires pour permettre au prestataire de bâtir une méthodologie de qualité.

Cohérents : la plupart du temps, les Termes de référence pêchent par manque de cohérence. Ils sont, dans la plupart des cas, une sommation d'objectifs sans ordre de priorité. Les objectifs d'une consultation doivent être cohérents avec les moyens prévus, en d'autres termes, l'ampleur des services décrits doit être compatible avec le budget disponible.

5.2 LA RÉDACTION DES TERMES DE RÉFÉRENCE.

La rédaction des Termes de référence est l'une des premières actions pour déclencher une procédure de passation de marchés de « Prestations intellectuelles ». Elle conclut une phase de réflexion et d'animation préalable, sur l'envergure de la mission, tout en formalisant les attentes qui sont à l'origine de la commande.

Ils doivent (i) décrire le contexte du projet, les objectifs attendus de la mission (audit, rapports d'étude, plans, formations, nombre et qualifications des expertises attendues), les moyens mis à disposition (données et autres informations disponibles, moyens logistiques,) et la durée de la prestation. Ils doivent également fournir toutes les informations nécessaires aux candidats pour établir une méthodologie d'intervention, quantifier les ressources humaines et matérielles à mobiliser et établir sur cette base une proposition financière.

Ils ne doivent pas être trop détaillés ni rigides, car ils permettent de préparer l'étape de mise en œuvre, à travers l'élaboration d'une méthodologie rédigée par le Prestataire de services intellectuels retenu.

En élaborant sa méthodologie, le Prestataire de services intellectuels explique à l'Autorité contractante, en détail, la démarche logique qu'il compte utiliser pour réaliser la mission qui va lui être confiée, avec la mise en œuvre de moyens matériels et financiers et l'appui d'un personnel qualifié.

De bons Termes de référence doivent être suffisamment précis pour que l'on puisse décider, à la fin de la mission, si le Prestataire de services intellectuels a rempli correctement ou non la mission qui lui a été confiée.

5.2.1 <u>Éléments constitutifs des Termes de référence.</u>

Les Termes de référence sont, en général, organisés en quatre grandes parties : le contexte, les problématiques, l'implication du personnel et les résultats attendus. Ce sont autant de variables qui rendent les missions de prestations intellectuelles, très différentes les unes des autres.

Même si la diversité des missions de prestations intellectuelles et des modes d'évaluation ne permet pas de proposer un « plan type », il est toujours possible de mettre en exergue les parties que sont :

1. le contexte de la mission ;
2. les objectifs de la consultation déclinés en :
    - un objectif général ;
    - et objectifs spécifiques ;
3. une présentation succincte des éléments de méthodologie ;
4. les ressources ;
    - l'équipe des experts pour conduire la mission ;
    - le budget de la mission ;
    - le calendrier de la mission ;
5. les résultats attendus.

Il s'agit d'un document présentant de façon détaillée tous les composants d'une étude à mener. C'est la toute première étape de réalisation d'une mission de prestation intellectuelle.

Le document des Termes de références sert en effet de document de référence tout au long de la réalisation de l'étude et de la rédaction du rapport au terme de la mission.

Dans ce qui suit, il est exposé, un canevas de rédaction de termes de références. Il faut surtout éviter les recettes toutes faites ou de faire du « copier-coller ». En adoptant la chronologie indiquée ci-dessous, on peut être assuré d'avoir de bons Termes de référence.

5.2.1.1 Canevas de rédaction des Termes de référence

1) Contexte et nature de la prestation.

Dans cette partie, on retrouve généralement, présentés de façon succincte, les éléments suivants sur :

- l'Autorité contractante commanditaire de la mission ;
- l'objet de la prestation, sa nature et ses principales caractéristiques (sa localisation, son ancrage institutionnel, ses différents protagonistes, etc.) les principales attentes de l'Autorité contractante.

2) Définition de la prestation et de son champ d'action

La définition de la prestation et de son champ d'action doit donner des détails de présentation initiale de l'action : géographie de l'action, ses objectifs, ses acteurs, son historique, sa stratégie, ses moyens, son organisation, ses grandes phases, et les principaux résultats atteints. C'est aussi à ce niveau que l'Autorité contractante doit définir l'ampleur de la prestation. Dans le cas d'une évaluation, il s'agit de définir le champ de l'évaluation qui doit être cohérent avec les moyens mobilisés pour l'évaluation et l'étendue des questions évaluatives.

a) Les objectifs de la consultation

i) Définir les objectifs globaux

Il s'agit d'identifier le ou les objectifs globaux de la mission en se demandant à quelle (s) interrogation (s) elle doit répondre.

Exemple : *Comprendre ce qui influence la réduction et l'amélioration à long terme des dépenses publiques.*

ii) Définir les objectifs spécifiques

Il s'agira de présenter les objectifs spécifiques et détaillés de la mission et les attentes de l'Autorité contractante. Ce sont les objectifs secondaires de l'étude qui, ensemble, permettront d'atteindre le ou les objectifs généraux.

Exemples :

(i) Examiner les comportements liés à l'utilisation des véhicules de fonction et des autres moyens de transport de l'État.

(ii) Analyser la perception des campagnes de sensibilisation sur les mécanismes de réduction des dépenses publiques, les restrictions sur utilisation des véhicules.

Les frontières de l'étude : les thématiques à aborder, et celles non traitées par cette mission, la zone géographique (le lieu et les limites géographiques) et la population concernée, etc.

b) **Les éléments de méthodologie.**

En fonction des attentes et du contexte, l'Autorité contractante peut suggérer une méthode, ou avoir d'emblée une préférence pour une méthode.

Toutefois, la prise en compte des points suivants avec minimum de précision est indispensable pour :

- informer sur les sources de données disponibles ;
- prendre en compte tous les interlocuteurs, insister sur le caractère participatif de l'évaluation ;
- cadrer le travail de l'évaluateur et établir une de cohérence entre les attentes et les moyens.

Cette section vise à fournir des détails concernant les différentes méthodes de collecte et traitement des données qui seront appliquées pour répondre aux objectifs de l'étude. Il existe une diversité d'outils permettant de recueillir des informations.

L'Autorité contractante indique les différentes étapes de la prestation ainsi que leur durée (analyse documentaire, réunions de prise de contact, rencontre avec les acteurs, phase de terrain et de restitution, etc.).

L'Autorité contractante peut indiquer sa préférence pour certaines méthodes, ou souhaiter connaître l'opinion de certaines catégories d'acteurs, ou exiger certaines données (qualitatives ou quantitatives).

Au-delà de la méthode d'investigation, l'Autorité contractante peut exiger la mise en œuvre d'une méthode participative lorsque l'action à évaluer implique l'association des acteurs dans la mise en œuvre.

i) **Revue de la littérature**

La revue de la littérature permet de recueillir les informations et connaissances qui existent sur le sujet d'intérêt, par des sources indirectes telles que des statistiques nationales, des rapports, etc.

(i) Objectifs : présenter les objectifs généraux et spécifiques de la revue bibliographique.

(ii) Sources : préciser également les sources de documentation qui pourront être utilisées.

ii) Entretiens avec acteurs du domaine de l'étude

Le prestataire pourra être amené au cours de l'étude à rencontrer différents acteurs du domaine concerné, et qui sont en mesure d'apporter leur témoignage éclairé sur la thématique. Il est alors utile de lister les personnes/structures à rencontrer et décrire les objectifs de chaque rencontre.

c) Précisions sur les aspects pratiques.

L'Autorité contractante peut vouloir maîtriser le processus itératif qui caractérise certaines évaluations. Dans ce cas, prévoir une série de réunions, en désignant clairement les participants, instaurer des processus de validation des étapes du travail du prestataire.

Dans le cas d'une démarche participative, l'organisation de l'interface par la mise en place de Comité de Pilotage ou de Validation est recommandée. Il importe d'accorder une attention aux arrangements institutionnels, tout ce qui sera mis à la disposition du Prestataire et la description des arrangements.

d) Les Ressources

Une bonne élaboration des Termes de référence nécessite de faire ressortir les besoins en :

i) Les ressources humaines

L'Autorité contractante, compte tenu du résultat escompté, peut exiger un profil minimum, soit à titre indicatif, ou à respecter de façon impérative, pour la constitution de l'équipe de travail. La constitution de l'équipe est déterminée par la diversité des questions évaluatives. Pour la composition des équipes et le profil des experts, il est possible de demander :

o « *des Prestataires firmes* :

- pour chaque profil recherché, indiquer le niveau de qualification d'ordre général, les années d'expérience et les missions effectuées par chaque expert ;
- les missions auxquelles le Prestataire en qualité de firme a pris part avec les certificats de satisfecit.

o *des Prestataires individuels :*

- il importera de faire ressortir le niveau de qualification d'ordre général souhaité et l'expérience par rapport à la mission et la connaissance du milieu où devra s'effectuer la mission. Les curricula vitae peuvent être demandés.

ii) <u>les ressources budgétaires.</u>

Il est très souvent fixé un budget plafond pour les prestations commanditées. Le budget est très rarement annoncé, dans les méthodes de passation de prestations intellectuelles, pour faire jouer le principe de l'économie en espérant tirer les prix vers le bas. Cependant, le budget fixé doit être cohérent avec la masse de travail demandée.

Il est aussi recommandé de préciser qui doit prendre en charge certains frais tels que les transports locaux, etc. Il ne faut jamais confier les frais de réunion ou de restitution au prestataire.

En dehors de la méthode de sélection dans le cadre d'un budget prédéterminé, il n'est pas indiqué de mentionner le budget prévu dans les Termes de référence, il peut être fourni des éléments pour l'apprécier en donnant des informations sur la charge de travail calculée en jour-personne ou homme-mois. Cette notion fait l'objet de développement dans les paragraphes qui suivent.

iii) <u>la Ressource temps</u>

Dans la mise en œuvre d'une mission, le temps, à l'instar du budget et des compétences humaines, constitue une ressource. Une indication sur la durée totale et des phases d'exécution est utile. Chaque durée indiquée doit être cohérente avec les éléments méthodologiques contenus par les Termes de référence.

Le calendrier d'exécution doit tenir compte des contraintes de l'action évaluée. Il est indispensable de prendre en compte la disponibilité des équipes de mise en œuvre, des contraintes climatiques. Le chronogramme présenté doit permettre de définir la durée totale de l'étude ainsi que le calendrier des différentes activités à mener.

e) <u>les Produits (livrables ou rendus) attendus</u>

À ce niveau, l'Autorité contractante précise les livrables ou documents attendus : rapports, note de synthèse, annexes, supports numériques, logiciels etc. Il précise aussi, la façon dont les supports seront présentés et les rapports validés.

**** ***

CHAPITRE VI
PRÉPARATION DE LA MISE EN CONCURRENCE CHOIX DU MODE DE CONSULTATION ET ESTIMATION DU COUT DES PRESTATIONS

6.1 CHOIX DU MODE DE CONTRACTUALISATION.

Une fois les termes de références rédigés, l'Autorité contractante sera en mesure d'identifier la méthode de passation de marchés de prestations intellectuelles à utiliser, le modèle et la nature du contrat à administrer. Il est bon de noter que les contrats sont proportionnés à la valeur et aux risques de chaque catégorie de prestations.

Pour les missions, d'envergure modeste, réalisées avec des montants relativement faibles il est plus indiqué d'appliquer le « petit contrat au forfait » ou le « petit contrat au temps passé » ou une combinaison des deux.

Le « petit contrat au forfait » est utilisé pour les missions de petite envergure ne présentant presque pas de risques et qui sont sanctionnées par des dépôts de rapports ou de livrables.

Le « petit contrat au temps passé » est utilisé pour les missions d'encadrement ou d'assistance dont on ne maîtrise pas la durée de l'intervention. Il n'y a généralement pas de dépôt de rapports ou de livrables et encore moins d'obligations de résultats.

La combinaison « petit contrat au forfait » et « petit contrat au temps passé » est indiquée dans les missions de maîtrise d'ouvrage nécessitant des livrables, mais aussi un suivi pour lequel on ne maîtrise généralement pas la durée.

Pour les missions de plus grande envergure, il est plus indiqué d'utiliser les « contrats au forfait » ou des « contrats au temps passé ». Les mêmes principes cités plus haut guident le choix de l'autorité contractante pour le choix du type de contrat à administrer, avec une place prépondérante pour la prise en charge des risques.

Du reste en matière de passation de marchés chaque risque identifié fait l'objet d'un article ou « une clause au niveau du contrat.

Le choix du mode de contractualisation permet, par ailleurs, à l'Autorité contractante de savoir comment elle va se libérer de ses engagements financiers, vis-à-vis, du Prestataire de services intellectuels. Il est important à ce stade de connaître le type de contrat qui sera utilisé pour pouvoir en conséquence renseigner les rubriques budgétaires.

6.1.1 Les marchés à rémunération forfaitaire.

La rémunération forfaitaire qualifie le paiement fait au Prestataire de services intellectuels et qui correspond au coût évalué globalement de la prestation qui comprend :

- les honoraires, les frais de voyage, les frais de subsistance, les frais d'hébergement, les coûts de location des espaces pour bureau, les coûts de communication et de fret de tout instrument ou équipement à fournir par le Prestataire ;
- le coût d'impression et d'envoi des rapports, plans, documents écrits ou graphiques constituant les livrables attendus de la mission.

Le mode de rémunération forfaitaire convient, généralement, aux prestations qui peuvent donner lieu à la remise de supports ou documents matérialisant l'achèvement des prestations comme les rapports, les études, les plans, les devis quantitatifs, qui seront dûment approuvés par l'Autorité contractante.

Le paiement au forfait doit comprendre tout ce qui concerne le complet achèvement des prestations. Il peut aussi être lié à des étapes de la réalisation des prestations.

Le Prestataire de services intellectuels, quel que soit le temps mis pour terminer sa mission percevra une rémunération globale comprenant ses honoraires et les autres charges liées à l'accomplissement de la mission.

Les marchés au temps passé. Le marché rémunéré au temps passé correspond au contrat où le paiement est effectué en faveur d'un Prestataire de services intellectuels ou du Consultant pour les jours travaillés au cours d'une période en tenant compte de son absentéisme, des grèves et des congés.

Le prestataire engagé sur la base d'un marché rémunéré au temps passé n'a pas une obligation de résultats, il se doit de déployer ses meilleurs efforts pour atteindre l'objectif assigné, il a une obligation de moyens. C'est pourquoi, plus que jamais, l'Autorité contractante devrait apporter un maximum de précautions dans la gestion de ce type de contrat.

La précaution dans la gestion du lien contractuel est une chose, mais plus important est le mode d'intervention de la prestation choisi par l'Autorité contractante.

Ce type de contrat est généralement, utilisé pour des Prestataires de services relatifs à l'assistance technique auprès d'une Autorité contractante. Le prestataire est rémunéré en fonction de la durée effective de travail qui se réfère au nombre d'heures effectué dans l'activité principale au cours d'une période.

La rémunération du prestataire intellectuel comprend :

- les taux unitaires (le taux horaire, le taux journalier, le taux hebdomadaire ou le taux mensuel, selon la durée et le type des prestations) applicables à chaque catégorie de personnel désigné dans la Proposition technique. Ces taux comprennent les salaires, les charges sociales, les frais généraux, la marge bénéficiaire, les frais divers du Prestataire ;
- les frais remboursables établis à partir des dépenses effectives et/ou de prix unitaires convenus.

Pour de tels contrats, l'Autorité contractante a intérêt à indiquer la durée prévisionnelle des prestations, dans toute la mesure du possible, ainsi que le montant global maximum de Prestations, qui ne peut pas être dépassé et peut y inclure une provision pour aléa d'exécution.

6.2 ESTIMATION DES COUTS, ÉTABLISSEMENT DU BUDGET DE LA PRESTATION ENVISAGÉE.

Cette partie a été développée pour expliquer comment estimer, les ressources budgétaires pour une mission de prestations intellectuelles, notamment la notion « jour-personne ou homme-mois » qui donne un aperçu sur les ressources budgétaires nécessaires à la conduite d'une mission.

Les ressources budgétaires d'un marché de prestations intellectuelles peuvent être appréciées suivant deux modes : la charge de travail en hommes-jours ou la rémunération en termes monétaires.

La charge de travail en hommes-jours peut être définie comme une unité de mesure qui est le produit du nombre de ressources humaines utilisées multiplié par la durée de leur utilisation. La rémunération, en termes monétaires, se répartit en trois grandes catégories :

- les honoraires ou rémunérations du Prestataire de services intellectuels ;
- les frais remboursables (pour temps passé) et les frais divers.

6.1.1 Estimation des coûts à partir de la rémunération des prestataires.

Une estimation peut être obtenue en cumulant différents éléments comme les honoraires, les remboursables et frais divers, qui entrent dans la rémunération du prestataire de services intellectuels.

6.1.1.1 Estimation et honoraires du prestataire.

De formation supérieure (Bac + 4 ou 5 années) idéalement complétée par un 3e cycle, le « Prestataire de services intellectuels » jouit d'une expérience professionnelle significative dans son domaine d'intervention.

Les prestataires de services intellectuels sont répertoriés en catégories déterminées par leur nombre d'années d'expérience en qualité de conseillers :

- au minimum deux ans d'expérience, pour le junior ;
- plus de deux à cinq ans pour, le « confirmé » ;
- plus de cinq ans à dix ans pour le « senior » ;
- plus dix ans pour « l'expert absolu » ;

Le Prestataire de services intellectuels à l'instar des personnes exerçant une profession libérale perçoit des honoraires. Le « paiement d'honoraires » est la rémunération tarifée due à une personne exerçant une profession libérale en échange de ses services.

Les honoraires, du prestataire de services intellectuels individuel, peuvent varier entre 100 000 F CFA et 500 000 F CFA, voire plus par jour, selon son niveau de qualification, son expérience, et la complexité de la mission qui lui est confiée. À l'international, certains experts ou « Prestataires de services intellectuels » peuvent demander des honoraires de 1 000 000 F CFA/jour et bien au-delà.

Suivant les ressources humaines ciblées, il est possible de se faire une idée de la rémunération à prendre en charge et de l'apprécier par rapport au budget prévu. Le rapport entre la part du budget et la rémunération d'un expert d'un tel profil peut aussi donner des indications sur sa durée d'intervention dans une mission donnée.

6.1.1.2 Estimation des frais remboursables.

Les frais remboursables sont les dépenses préfinancées par le « Prestataire de services intellectuels » pour réaliser sa mission. La valeur des frais remboursables est reversée sur la base de pièces justificatives délivrées par le prestataire, pour des rubriques qui avaient été précisées dans les Données particulières de la Demande de Propositions.

Une « pièce justificative pour des remboursables » est un document, généralement sous forme une facture, qui atteste qu'une dépense est encourue lors d'un déplacement, elle contient principalement les éléments indiquant la date de la transaction, le montant, la nature de la dépense et le nom ou la raison sociale de l'émetteur.

Ce document peut également servir de preuve de déplacement. On retrouve les remboursables dans les marchés de Prestations intellectuelles au « temps passé » ou dans un marché comprenant une partie au forfait et une partie au temps passé dans la partie au temps passé.

Ces remboursables peuvent concerner : le coût des voyages nécessaires, y compris le transport du personnel par le moyen le plus approprié et par la voie la plus directe (le mode de transport et le tarif/classe doivent être spécifiés), les frais d'hébergement effectivement supportés dans un établissement hôtelier, jusqu'à concurrence des montants maximaux indiqués dans la Demande de propositions ou fixés, d'accord-parties.

Ces montants maximaux n'incluent pas la taxe sur les prestations de services (TPS) et le coût de location et de fret de tout équipement à fournir par le Prestataire de services intellectuels.

Les remboursables sont calculés sur la base des « déboursés » du prestataire, c'est-à-dire le prix susceptible d'être payé par le prestataire sans les frais de structure ou autres taxes.

1) <u>Fais directs et frais divers.</u>

Le prestataire peut au cours d'une mission supporter, ou faire supporter différents frais.

Des frais directs liés à la mission, ce sont les frais de logements, les frais de déplacement de son domicile au lieu de travail, les frais de voyage entre son lieu habituel de résidence et son lieu de travail.

Des frais divers qui font souvent l'objet d'un budget qui peut être forfaitaire ou remboursable à régler au prorata de l'exécution du Marché, ou au fur et à mesure de leur engagement, par exemple :

- indemnité journalière de subsistance allouée au personnel du Prestataire de services intellectuels pour chaque jour de déplacement, en dehors de sa région de résidence habituelle ;
- les « Prestataires de services intellectuels » peuvent aussi calculer le kilométrage parcouru à titre professionnel ;
- Les coûts des communications locales ou internationales, le cas échéant, ainsi que l'utilisation de téléphone avec production du relevé téléphonique correspondant ou des souches de cartes de recharges de crédit utilisées ;
- un budget forfaitaire pour le coût d'impression ou de multiplication et d'envoi des rapports, plans, documents écrits ou graphiques constituant les livrables attendus dans le cadre de la mission ;
- un budget forfaitaire pour le coût des espaces de bureaux et charges de fonctionnement (eau, électricité, nettoiement) nécessaires à l'exécution de la mission, si requis.

6.1.2 Estimation des coûts à partir de la charge de travail

La plupart du temps, les tâches à confier au Prestataire de services intellectuels, sans pour autant pouvoir leur associer de manière optimale, le « crédit temps » pour la conduite de la mission, sont estimées en nombre d'hommes par jour ou hommes par mois.

Le concept « Homme-jour » est l'unité de mesure de la charge de travail pour l'emploi des « Prestataires de services intellectuels ». C'est le produit d'un nombre de ressources humaines utilisées, multipliées par la durée de leur utilisation. Ainsi, si une mission est estimée à « cent jours pour une personne à plein temps » pour arriver à son terme, on pourra considérer qu'il s'agit d'une mission estimée à un homme pour cent jours ou « 100 hommes-jour ».

Comme l'indique l'intitulé du résultat de l'évaluation, si l'on confie la réalisation de ce projet à un seul homme, ce dernier devrait, sauf erreur d'estimation, et incidents extérieurs perturbant la réalisation de la mission, passer exactement cent jours à la réaliser.

Cependant, il est possible de supposer que tout projet, à un certain niveau, est « décomposable » : c'est-à-dire que l'on peut le subdiviser (dans la mesure où ce projet est de taille suffisamment élevée) en un ensemble de tâches. Il est donc raisonnablement possible d'effectuer plusieurs de ces tâches en parallèle ou de manière concomitante, donc de les faire effectuer par plusieurs hommes simultanément.

Partant de ce postulat, et dans un cadre idéal, on peut donc considérer que cette mission de 100 hommes/jour (planifié pour 1 homme sur 100 jours) pourra être effectuée par 10 hommes en 10 jours ou par 25 hommes en 4 jours. Cette répartition idéale suit une parabole. Cependant, cette théorie est loin d'être exacte dans le domaine qui nous intéresse, c'est-à-dire celui de la passation des marchés de « Prestations intellectuelles ».

6.1.2.1 Les pièges de l'évaluation théorique.

1) La loi de Parkinson sur le temps de travail.

Une des lois de Parkinson stipule que « les programmes » » sont comme les gaz parfaits, ils prennent toute la place qu'on leur donne ».

L'interprétation de cette assertion est simple. Si l'on donne à une équipe une mission de 50 « Hommes/Jours » (valeur « réelle ») à faire un travail sur 100 jours, le projet sera fait en 100 « Hommes/jours » et pas un de moins (et donc, il sera facturé 100 Hommes-jours). Cela fonctionne également dans l'autre sens. Il est possible de réduire sensiblement la durée théorique d'une mission, et obtenir un résultat dans le délai escompté.

2) Le mythe du partage « hommes-jours »

Si nous reprenons l'exemple du projet de 100 « Hommes/jours » et que nous nous basons sur ses conclusions, nous pouvons sans risque de nous tromper dire que ce projet de 100 « Hommes/jours » pourrait être effectué par 200 hommes en une demi-journée, ce qui est logiquement vrai. Bien que cette interprétation soit mathématiquement exacte, elle est une aberration évidente.

Les marchés de « Prestations intellectuelles », en général, ne pouvant pas être scindés de cette manière. Il est important, lors de la détermination de la charge de travail, de voir ce qu'il est humainement possible de faire en laissant de la place et du temps pour que « le prestataire de services intellectuels » puisse s'imprégner des documents, les analyser, proposer des solutions et transcrire le fruit de sa réflexion.

a. L'estimation du coût en hommes-jours.

Lors de l'élaboration des termes de références, la plupart du temps, les rédacteurs déclinent un ensemble de tâches à confier au « le prestataire de services intellectuels », sans pour autant pouvoir leur associer de manière optimale, le « crédit temps » nécessaire à leur déroulement. Souvent négligé, ce travail occupe pourtant une place centrale dans la phase de cadrage ou de rédaction des Termes de référence.

Une dérive au niveau du chiffrage est facteur de risques possibles sur les prévisions de délais d'achèvement et le respect du budget. Ceux qui ont en charge l'élaboration des Termes de référence ne passent pas toujours le temps nécessaire pour affiner leurs chiffres.

Une des phases les plus délicates d'un projet est d'estimer les charges avant son démarrage.

La charge de travail est estimée en nombre d'hommes par jour ou hommes par mois nécessaires à la conduite de la mission. L'estimation du nombre de Jours*Homme, écrit aussi « jour/homme » (mois/homme ou années/homme), pour mener chaque tâche du projet, permet :

- la planification des actions (enchaînement et durées) des divers jalons, la détermination et la de la date de fin de projet,
- l'organisation de la charge de travail des intervenants, l'estimation du besoin du projet en ressources humaines.

Cette estimation du coût des missions en « hommes-jours » ou « hommes-mois » est périlleuse. Cerner les temps d'une mission, par l'effort à fournir, sa répartition dans le temps, et le traduire en coût relève du grand art.

Pour déterminer les ressources humaines nécessaires, il est important de disposer à l'avance de suffisamment d'informations sur les profils nécessaires à la mise en œuvre du projet afin d'ébaucher pour chacun le temps de travail, pour la réussite de la mission.

L'objectif est de déterminer une charge de travail en une durée, puis la traduire en délai pour enfin la convertir en homme/mois ou homme/jour.

Pour ce faire, nous allons prendre l'exemple d'une mission d'audit du Ministère des Transports de l'avenir (MTA) avec un temps prévisionnel de réalisation de 2 mois et un demi. Pour la conduite de la mission, il a été décliné les profils et le temps d'intervention ainsi qu'il suit :

- un Directeur d'Audit, 10 jours
- du chef de mission, SPM 30 jours
- de l'auditeur principal 60 jours.

Pour calculer la charge en hommes- mois, il faut connaître le nombre de jours effectivement productifs. Le nombre de jours ouvrés théoriques par mois : 5 jrs x 4 semaines = 20 jrs, nombre de jours fériés = 1 et jours de congé dus 2 jours soit un ***total de jours travaillés = 20- 1- 2 = 17 jours/mois***. Avec l'application d'un coefficient de productivité tenant compte des formations, des réunions, etc.... que l'on peut évaluer à 0,90 ; il est possible de déterminer le nombre de jours productifs : 17 x 0,90 = **15 jours/mois.**

Formule de calcul en Hommes/mois =
Nombre de jours de travail dédié à l'expert/nombre de jours ouvrés par mois.

Pour chaque expert à commettre prévoir :

- un Directeur d'Audit, 10/15 =0,6 homme/mois
- du chef de mission, SPM 30/15 =2 hommes/mois
- de l'auditeur principal 60/15 =4 hommes/mois

Attention : Pour un moyen ou un gros projet, ajouter le facteur de déperdition au total final (5 % pour moyen et 10 % pour un gros).

<u>**Soit pour une mission moyenne**</u>

- un Directeur d'Audit, = 0,66 *1,05 =0,693
- du chef de mission, SPM = 2 *1,05=2,1
- de l'auditeur principal =4 * 1,05 =4,2

Total H/M = 0,69 + 2,1 + 4,2 = 6, 99 arrondis à 7 h/M

Soit pour un gros projet :

- un Directeur d'Audit, =0,66 *1,1 = 0,726 h/m
- du chef de mission, SPM =2 *1,1 = 2,2 h/m
- de l'auditeur principal =4 * 1,1 = 4,4 h/m

Total H/M = 0,73 + 2,2 + 4,4 = 7,33 arrondi à 8 h/M avec prise en compte d'une marge risque 10 à 30 %

Une fois le nombre d'hommes-mois déterminé, il est possible de le convertir en jours ouvrés, en jours ouvrables ou jours calendaires. Nous retenons comme hypothèse que les autres experts travaillent concomitamment avec l'expert ayant le nombre d'hommes-mois le plus important.

Pour avoir le nombre de jours ouvrés, il faudra multiplier le temps de présence en h/j de l'expert dont le séjour est le plus long (auditeur principal avec 4,4 h/m) par 15 (le nombre de jours effectivement productifs précédemment calculé compte tenu de toutes les fêtes possibles) et le considérer comme le nombre maximum de jours ouvrés pour l'ensemble de l'équipe soit : 66 jours ouvrés.

Pour avoir le nombre correspondant en jours ouvrables, il faudra multiplier par 8/30 (8 le nombre de jours non ouvrés et 30 le nombre de jours par mois) le nombre de jours ouvrés obtenu. Le produit trouvé sera ajouté au nombre de jours ouvrés, il vient donc que 66*8/30= 17,6 arrondi à 18 jours. Ainsi aux 66 jours ouvrés il sera ajouté 18 jours soit (66 +18=84) 84 jours ouvrables.

Conclusion : le nombre de jours nécessaires à la conduite de la mission est de 84 jours ouvrables.

Pour avoir le nombre correspondant en jours calendaires il faudra multiplier par 20/30 (20 le nombre de jours de travail et 30 le nombre de jours par mois) le nombre de jours ouvrés obtenu le produit trouvé sera ajouté au nombre de jours ouvrés, il vient donc que 66*20/30= 44 jours. Ainsi pour avoir les jours ouvrables il faut ajouter aux 66 jours ouvrés les 44 jours ainsi obtenus soit un total de (66 +44=110) 110 jours calendaires.

Conclusion : le nombre de jours ouvrables calendaires à la conduite de la mission est de 110 jours pour une équipe dont les membres travaillent concomitamment.

**** ***

CHAPITRE VII
PRÉPARATION DE LA MISE EN CONCURRENCE ÉLABORATION DE LA DEMANDE DE PROPOSITIONS

L'élaboration de la Demande de propositions n'est possible que lorsque les termes de références sont rédigés et approuvés par les services compétents au niveau de l'Autorité contractante. La préparation des termes de références nécessite une estimation plus ou moins précise du budget de la mission.

Une fois les termes de références approuvés, l'Autorité contracte sera en mesure de lancer une manifestation d'intérêt pour susciter des candidats. L'exploitation des manifestations d'intérêt permettra d'établir la liste des Candidats admis à concourir qui recevront la Demande de propositions élaborée par les services techniques de l'Autorité contractante ayant reçu les avis et visas des structures de contrôle des procédures.

7.1 DEMANDE DE MANIFESTATION D'INTÉRÊT ET ÉLABORATION DE LA LISTE RESTREINTE.

Un Avis spécifique fait suite à l'Avis général de passation de marchés, il est préparé par l'Autorité contractante et prend la dénomination de Demande de manifestation d'intérêt en abrégé (DMI). La DMI constitue l'une des sources d'informations de la liste restreinte et facilite sa préparation définitive. Elle ne doit pas inclure des renseignements détaillés tels que le type d'organisation, l'expérience pour des missions similaires, l'expérience du personnel clé.

L'information demandée dans l'annonce est limitée au minimum nécessaire pour juger de la qualification des Candidats pour la mission envisagée et ne doit pas, de par sa complexité, les dissuader à manifester leur intérêt. Une Demande de manifestation d'intérêt peut être amendée, actualisée ou modifiée si de nouvelles informations sont disponibles au niveau de l'Autorité contractante.

7.1.1 La manifestation d'intérêt.

La manifestation d'intérêt (MI) ou la réponse d'un Candidat potentiel est le document qui informe sur sa volonté de participer à l'exécution d'une mission ou d'une étude. La manifestation d'intérêt offre à son auteur la possibilité d'être pris en considération sur la liste restreinte des Candidats admis dans le processus de sélection.

Les renseignements fournis par le Candidat doivent être limités aux généralités mentionnées dans la Demande de manifestation d'intérêts et ne doivent pas comporter de considérations techniques ou financières.

7.1.2 La liste restreinte ou « short list ».

Les « Règles et procédures pour les Prestations intellectuelles » stipulent que les capacités et expériences pour les services spécifiques requis dans le cadre d'une mission et l'éligibilité du prestataire, sont les critères principaux — et les plus importants — qui sont à prendre en considération lors de la préparation d'une liste restreinte.

La liste restreinte est établie par l'Autorité contractante au terme du délai accordé (de 15 à 30 jours), à compter de la date de publication d'un avis, en vue d'obtenir des manifestations d'intérêt.

L'Autorité contractante considérera en priorité, pour la constitution de la liste restreinte, les « Prestataires de services intellectuels » ayant manifesté leur intérêt, à la suite de l'Avis général de passation des marchés ou à la suite d'un avis spécifique et possédant les qualifications pertinentes par rapport à la mission envisagée.

Une liste restreinte est constituée d'au moins cinq (5) Candidats de même catégorie et « poids comparable » (comme dans un match de boxe) et dont les capacités et les objectifs commerciaux sont similaires.

On ne saurait donc mettre, sur même liste restreinte, des organisations non gouvernementales (sans but lucratif) ou (ONG), des universités, ou des cabinets d'études n'ayant pas les mêmes domaines d'expertise. S'il doit y avoir panachage, c'est-à-dire retenir sur une même liste restreinte des ONG et des Cabinets classiques de prestataires de services intellectuels.

La sélection ultérieure, à partir de cette liste restreinte, devra se faire, nécessairement, par la méthode qualité technique seule (SQS). Cela aura, pour effet, de neutraliser les avantages comparatifs de départ dont pourraient bénéficier les ONG ayant des accords de siège ; car elles ont la possibilité d'acquérir certains biens ou facteurs de production, en exonération de taxes, dans le cadre de leurs missions.

La Direction du Contrôle des marchés publics peut convenir avec une Autorité contractante d'allonger ou de réduire une liste restreinte. Cependant, une fois que la Direction du Contrôle des marchés publics aura émis un « avis de non-objection » sur une liste restreinte, l'Autorité contractante ne doit ajouter ni supprimer des Candidats, sans une nouvelle approbation.

La liste restreinte finale est communiquée aux Candidats ayant manifesté leur intérêt, ainsi qu'à toute autre personne concernée qui en aura fait la demande, lorsque la Direction du Contrôle des marchés publics l'aura approuvé. Cette notification est suivie d'une Demande de propositions. Un même cabinet de « Prestations de services intellectuels » peut être mis plusieurs fois sur des listes restreintes au cours d'une année calendaire.

7.2 PRÉPARATION DE LA DEMANDE DE PROPOSITIONS.

La « Demande de propositions » est le terme qui s'emploie pour l'ensemble des documents (incluant la « Lettre d'invitation ») et qui convie les Candidats sélectionnés à remettre leurs propositions (à la fois technique et financière). Elle comprend, sept sections que sont :

Section 1-la Lettre d'invitation.

Section 2–les Instructions aux Candidats.

Section 3–les Données particulières.

Section 4–la Proposition technique –Formulaires types.

Section 5–la Proposition financière –Formulaires types.

Section 6–les Termes de référence.

Section 7–le Modèle de contrat de marché.

7.2.1 La lettre d'invitation.

La « Lettre d'invitation » est le premier élément de la « Demande de propositions » adressée aux Candidats qui ont été retenus sur une liste restreinte et à qui il est demandé de remettre une proposition. La « Lettre d'invitation » indique l'intention de l'Autorité contractante de conclure un marché en vue d'obtenir des services de « Prestataires de services intellectuels ».

Elle donne des informations sur l'origine des fonds, le client, la date, l'heure et l'adresse de remise les propositions. Seuls les cabinets ou les Candidats présélectionnés sur une liste restreinte sont les destinataires de la Demande de propositions (DP) les invitant à soumettre leurs propositions techniques et financières.

La « Lettre d'invitation » est aussi la « Demande » adressée aux consultants retenus sur la liste restreinte et les invite à remettre une proposition pour une mission donnée.

La « Demande de propositions » est le terme qui s'emploie pour l'ensemble des documents d'invitation (incluant la « Lettre d'invitation » elle-même) et qui invite les consultants sélectionnés à remettre leur proposition (à la fois technique et financière) ; elle indique aussi la réponse que doit formuler le Candidat sélectionné pour avertir de son intention de soumettre une proposition ou non, à la date indiquée.

7.2.1.1 Les Instructions aux Candidats (IC).

Cette Section fournit aux Candidats les informations générales utiles pour préparer leurs soumissions. Les IC donnent certaines définitions utiles à la compréhension des textes de la Demande de Propositions (DP).

Les IC comportent aussi des renseignements sur la soumission, l'ouverture des plis et l'évaluation des propositions, et sur l'attribution des marchés. **Les dispositions figurant dans cette Section ne doivent pas être modifiées.** Si des changements doivent être introduits pour tenir compte du contexte propre à la mission considérée, ils devront l'être exclusivement par le biais des Données particulières de la Demande de propositions.

7.2.1.2 <u>Données particulières de la Demande de propositions.</u>

La section 2 de la Demande de propositions consacrée aux Données particulières de la demande de propositions doit comporter tous les renseignements susceptibles d'aider les Candidats à établir des propositions conformes.

Les informations fournies dans les Données particulières de la Demande de propositions et dans les Termes de référence doivent rendre la procédure de sélection aussi transparente que possible, en donnant des informations sur le processus d'évaluation et en indiquant les critères d'évaluation.

Les Données particulières spécifient le poids respectif de la proposition technique et de la proposition financière par l'affectation de coefficients techniques ainsi que la période de validité de la proposition qui doit être suffisante pour permettre l'évaluation des propositions, la décision d'attribution, l'examen par la Direction du Contrôle des marchés publics et la finalisation des négociations.

7.2.1.3 <u>Les Termes de références.</u>

Les Termes de références comprennent généralement les rubriques suivantes :

a) le contexte général de la mission,

b) les objectifs et les résultats attendus,

c) l'étendue des services et activités,

d) le profil du personnel,

e) les rapports et calendrier, et

f) les données, les services, et les installations devant être fournis par l'Autorité contractante.

Les Termes de références indiquent une estimation du volume de travail attendu du personnel clé des Candidats (en hommes/mois ou hommes/jours) ou le budget total, mais pas les deux. Les Candidats sont toutefois libres de préparer leur propre estimation du volume de travail, du personnel nécessaire à la réalisation de la mission et d'offrir le coût correspondant dans leur proposition. Ils sont par ailleurs encouragés à donner leur compréhension de la mission envisagée et à émettre des observations sur les Termes de.

Il est important de partager les termes de références au niveau de l'Autorité contractante, pour relever les incohérences et éventuellement certaines insuffisances. Ce sont les termes de références approuvés qui sont insérés dans la Demande de propositions. Des insuffisances dans les termes de références peuvent être source de difficultés lors de l'évaluation.

Pour aider le Candidat dans l'élaboration de sa proposition, une dizaine de fiches techniques sont, à disposition, dans la Demande de propositions.

Tech-1.	Lettre soumission proposition technique ;
Tech-2.	Organisation et expérience du Prestataire de services intellectuels ; • organisation ; • expérience.
Tech-3.	Observations et/ou suggestions du Prestataire de services intellectuels sur les termes de référence, le personnel de contrepartie et les installations devant être fournies par le Client ; • sur les Termes de référence ; • sur le personnel de contrepartie et les installations.
Tech-4.	Descriptif de la méthodologie et du plan de travail proposé pour accomplir la mission.
Tech-5.	Composition de l'équipe et responsabilités de ses membres.
Tech-6.	Modèle de Curriculum vitae (CV) pour le personnel clé proposé.
Tech-7.	Calendrier du personnel.
Tech-8.	Calendrier des activités (programme de travail).
TECH-9.	Capacité financière du Consultant
Tech-10.	Modèle Charte de Transparence et d'Éthique en matière de marchés publics ou Déclaration d'intégrité.

7.2.1.4 Formulaires types proposition financière.

Les Formulaires types de Proposition financière doivent être utilisés pour l'élaboration de celle-ci. Ils doivent être utilisés, quel que soit le mode de sélection stipulé dans la Lettre d'invitation. Les Formulaires types de Proposition financière sont au nombre de cinq :

FIN-1.	Lettre de soumission Proposition financière
FIN-2.	État récapitulatif des coûts ;
FIN-3.	Ventilation des coûts par activité ;
FIN-4.	Ventilation des rémunérations ;
FIN-5.	Frais remboursables ;
ANNEXES.	Négociations techniques et négociations financières Pour les négociations financières, la décomposition des taux de rémunération » ne doit être utilisée que dans le cas de négociations financières où la méthode « Sélection basée sur la qualité).

7.2.1.5 Le projet de contrat.

L'Autorité contractante doit utiliser les modèles de contrats de marchés types (le Contrat pour des tâches rémunérées au Temps passé - type complexe ou simple ou le petit contrat au temps passé) ; le Contrat à rémunération forfaitaire (type complexe ou simple ou le petit contrat au forfait).

**** ***

CHAPITRE VIII
APPROBATION DE LA DEMANDE DE PROPOSITIONS

Pour l'information préalable de la Personne responsable des marchés publics, il est important de produire un « **Dossier d'approbation de la procédure** » en abrégé **« DAP »** qui permet de recueillir les informations nécessaires et d'échanger sur la conduite, la gestion et le contrôle des procédures de passation et d'exécution d'un marché. Le « DAP » comprend essentiellement quatre documents :

1. **un mémo ou une note de présentation** de la procédure envisagée par rapport au projet de prestation intellectuelle ;
2. **une fiche sur la procédure (Fich Pro)** incluant la liste des Candidats évalués et retenus sur la liste restreinte ;
3. **le projet de budget**, une estimation du budget du futur marché ;
4. **les Termes de référence du marché**.

8.1 INFORMATIONS SUR LA PROCÉDURE.

Pour éclairer la Personne responsable des marchés publics, la Cellule de Passation de marchés va examiner un « Dossier » comprenant :

- le mémo ou une note de présentation ;
- la fiche sur la procédure (Fich Pro) incluant la liste restreinte des Candidats ;
- une estimation du budget du futur marché ;
- les Termes de référence du marché.

Ce dossier sera complété par la Demande de propositions finalisée. Quelle que soit la méthode à mettre en œuvre, la Cellule de marchés publics exploite doublement le Dossier reçu.

Dans un premier temps, la Cellule des marchés publics complétera les informations à fournir au Responsable moral de la structure (Ministre ou Directeur de service ou chef de projet). Les informations complémentaires ont trait à la composition de la Commission d'ouverture des propositions et la mise en exergue les critères d'évaluation retenus.

Dans un second temps, une fois que l'Autorité contractante se sera prononcée favorablement par rapport aux termes de références et sur la procédure, la Cellule examinera le Demande de Propositions sur le fond et sur la forme comme l'aurait fait la Direction du Contrôle des marchés publics. Au besoin, si le seuil de revue a priori est atteint le dossier est à transmettre à la Direction du Contrôle des marchés publics pour avis de non-objection.

8.1.1 Elaboration du Dossier d'approbation de la procédure.

Le Dossier d'approbation de la procédure (DAP) n'est pas un document de procédure ou un document obligatoire. Cependant, il permet à l'Autorité contractante d'avoir et d'échanger sur les informations nécessaires à la conduite, à la gestion et au contrôle des processus de passation des marchés. C'est le premier filtre pour la transparence et l'égalité en direction des Candidats.

Le DAP, est censé retracer l'ensemble des étapes devant conduire à la conclusion du marché, aux fins, d'informer l'Autorité contractante sur une procédure et ses attendus. Le DAP permet ainsi de véhiculer une information pertinente, objective et claire. Le DAP comprend quatre documents :

1) un mémo ou une note de présentation ;
2) une fiche sur la procédure ;
3) une estimation du budget ;
4) les Termes de référence.

8.1.1.1 Le Mémo ou Rapport de présentation.

Le Mémo ou Note de présentation de la procédure de passation du marché spécifique à l'attention de l'Autorité contractante n'est pas un document de procédure ou obligatoire. Il s'agit d'une brève présentation de la prestation attendue.

Outre le titre de la prestation, il y est donné des informations se rapportant : la présentation de la mission envisagée (titre, objectifs zone géographique et cible.), aux rubriques budgétaires ou lignes de dépense ; à l'inscription de l'opération au Plan de Passation de marchés, le coût estimé du marché, etc.

Le mémo ou rapport de présentation du projet de marché est élaboré, signé et daté par le Responsable de la ou des structures bénéficiaires de la prestation intellectuelle.

8.1.1.2 La Fiche de procédure.

La fiche de procédure (Fiche Pro) est un document non obligatoire, cependant, elle fournit à l'Autorité contractante toutes les informations pertinentes, sur le marché, eu égard à ce qui est arrêté dans le Plan de Passation des marchés. La (Fiche Pro) contient les données suivantes :

- le titre de la consultation envisagée ;
- l'Information sur la source et le financement ;
- les informations sur la liste restreinte ;
- les informations sur les moyens de publication ;

La (Fiche Pro) est à remplir en fonction des informations pertinentes permettant le déclenchement d'une procédure de passation de marchés pour prestations intellectuelles. Elle est accompagnée des Termes de références. La (Fiche Pro) voir modèle 1, le Budget, les Termes de références et le Procès-verbal de sélection de la liste restreinte accompagnent la Demande de propositions.

FICHE PROCÉDURE DÉTAILLÉE POUR LES DEMANDES DE PROPOSITIONS

<table>
<tr><th colspan="2">Modèle de fiche procédure détaillée pour les Demandes de Propositions</th></tr>
<tr><td rowspan="2">Code Ministère</td><td>Montant Budget prévisionnel
……………………F CFA
(Estimation en fonction des besoins)</td></tr>
<tr><td>Montant Budget maximal
…………………. F CFA
(Disponibilités budgétaires)</td></tr>
<tr><td>Structure présentant le dossier :</td><td></td></tr>
<tr><td>N° du dossier (voir dans le PPM)</td><td></td></tr>
<tr><td>Rubrique budgétaire concernée :</td><td></td></tr>
<tr><td colspan="2">Objet de l'acquisition</td></tr>
</table>

<u>GÉNÉRALITÉS</u>

La présente consultation est relative à l'acquisition de…. *(Le détail technique du matériel demandé figure dans l'annexe A du présent mémo.)*

Ces prestations permettront de…………………………………………………..

La Direction ou service bénéficiaire aura la responsabilité de (*au choix*) :

- lancer et suivre la consultation ;
- participer à l'évaluation des offres ;
- participer à la validation des rapports ;
- participer au choix de l'attributaire ;
- assurer la gestion technique et financière du marché

L'Autorité contractante est

La Personne responsable des marchés publics est……………..

Publication dans la presse
(mentionner si la consultation doit faire l'objet d'une publication)

Date de lancement souhaitée : Jj/mm/aa

Délai de soumission proposé : XX jours

Contrat au forfait

Délai de Réception provisoire du rapport : yy jours

Délai de Réception définitive du rapport : zz jours

Modèle de fiche procédure détaillée pour les Demandes de Propositions

Contrat au temps passé

Début prévu de la mission : //

Durée prévue de la mission : //

Budget : Le budget prévisionnel alloué à cette consultation est de (Estimation en fonction des besoins) **FCFA** et ne sera pas communiqué aux Candidats **ou en Homme/mois**.

Avances et garantie de remboursement d'avance
Nous envisageons de faire des avances, selon la demande de l'attributaire dans la limite de x % du montant du marché avec remise d'une garantie bancaire d'un égal montant.

Garantie de soumission non appliqué
Garantie de Bonne Exécution non appliqué.

CRITÈRES D'ÉVALUATION

Recevabilité administrative (*qui ne fera pas l'objet d'une évaluation*) :

1. Éléments sur le Prestataire de services intellectuels :
   - Coordonnées complètes,
   - Domiciliation bancaire,
   - Nom personne ayant qualité pour engager la société
2. Proposition technique et financière en un (01) exemplaire original et trois (03) copies
3. Lettre de soumission incluant un engagement de validité de l'offre pour une période d'au moins 90 jours

Liste restreinte des Candidats retenus (si requis)
La liste restreinte est établie à la suite d'une manifestation d'intérêt. La liste des Candidats retenus pour cette consultation est la suivante :

1. ....
2. ....
3. ....
4. ....
5. ....
6. ....

Comité d'ouverture des plis

Nous souhaitons effectuer l'ouverture des plis le jj/mm/aa.
Nous proposons la composition suivante du comité d'ouverture des plis :

1. .... Président
2. ....
3. ....
4. ....
5. ....Secrétaire de séance.

Comité d'évaluation des propositions

Nous souhaitons effectuer l'évaluation des propositions le jj/mm/aa. Nous proposons la composition suivante du comité d'évaluation des propositions :

1. .... Président
2. ....
3. ....
4. ....

Modèle de fiche procédure détaillée pour les Demandes de Propositions	
Avances et garantie de remboursement d'avance	
Nous envisageons de faire des avances, selon la demande de l'attributaire, dans la limite de xx % du montant total du contrat sur demande après la signature du contrat, contre une garantie bancaire de 100 %. Cette avance sera remboursée comme suit yy % et zz %.	
Les autres conditions particulières du marché sont :	
<u>Paiement des prestations se fera ainsi qu'il suit</u> : Sans la fourniture d'une garantie de remboursement, les paiements seront effectués proportionnellement aux prestations effectuées à concurrence de la totalité du marché. Ex 20 % avance de démarrage et 30 % après remise et validation du rapport diagnostic, etc.	
Signé le.............20.. **La Personne responsable des marchés publics**	**Signé le........20..** **Le Chef Cellule Passation des marchés**

L'acceptation de la procédure par la Personne responsable des marchés publics auprès de l'Autorité contractante est sanctionnée par un accord écrit pour « *Autoriser le lancement du marché* ».

DÉCISION L'AUTORITÉ CONTRACTANTE [Nom et fonction] DOSSIER N°............../ANNEE....	
Validation de la liste restreinte (si requis)	❑**Oui** ❑**Non**
Commentaires Réserves sur liste restreinte (si requis)	
Autorisation de la procédure	❑**Oui** ❑**Non**
Commentaires Réserves sur la procédure	
........, *le*............................ **L'Autorité contractante** *(Personne responsable des marchés publics)*	

8.1.1.3 <u>Approbation de la procédure.</u>

Une fois le « Dossier d'approbation de la procédure » finalisé, le Responsable de la Cellule de Passation de marchés va le soumettre à l'Autorité contractante pour qu'elle soit informée des tenants et aboutissants du processus de passation des marchés, que ce soit du point de vue de l'opportunité de la dépense que du point de vue de la procédure à utiliser.

8.1.2 Saisine de la Direction du Contrôle des marchés publics

Une fois que la Personne responsable des marchés publics se sera prononcée sur la procédure, le Responsable de la Cellule des marchés publics examinera le Dossier sur le fond et sur la forme pour donner son Avis de non-objection (ANO) si le seuil de revue a priori n'est pas atteint.

Si le projet doit être soumis à la Direction du Contrôle des marchés publics la Cellule de Passation des marchés fera le travail d'examen préalable et transmettra le dossier à la Direction du Contrôle des marchés publics pour avis.

Il convient de noter que les dossiers qui ont atteint les seuils de revue a priori et qui n'auraient pas été soumis pour Avis de non-Objection (ANO) alors que cette formalité est requise seront considérés comme illégaux au regard des règles de la procédure requise.

★★★★ ★★★

DEUXIÈME PARTIE

LA MISE EN CONCURRENCE
MÉTHODE QUALITÉ TECHNIQUE ET COUT-

Lancement-Evaluation et attribution

(Marchés de prestations intellectuelles)

****** *****

CHAPITRE I
LANCEMENT PROCÉDURE
REMISE DES DEMANDES DE PROPOSITIONS.

La notification de la lettre d'invitation à soumissionner contenue dans la Demande de propositions détermine le délai à partir duquel les Candidats peuvent préparer leurs propositions. Les mesures de publicité et de mise en concurrence assurent le respect des principes de l'égalité de traitement des Candidats et la transparence des procédures.

L'efficacité de la publicité est une des conditions de légalité, se faisant, tous les Candidats sur la liste restreinte doivent recevoir en même temps la Demande de Propositions. Il leur est accordé un délai suffisant entre la date de mise à disposition de la Demande de propositions et la date de remise des propositions. Ce délai est accordé en cohérence avec la méthode et la complexité de la prestation.

La Demande de propositions doit contenir tous les renseignements dont un Candidat sur la liste restreinte pourrait avoir besoin pour préparer ses propositions. Cette Demande de propositions finalisée doit tenir compte de tous les changements et observations formulées par la Cellule des marchés ou la Direction du Contrôle des marchés publics lors de son examen préalable.

1.1 <u>LA REMISE DE LA DEMANDE DE PROPOSITIONS.</u>

Les Demandes de propositions doivent être remises aux Candidats retenus sur la liste restreinte, et uniquement aux Candidats sélectionnés. La plupart des Codes des marchés publics et les standards internationaux disposent ou recommandent que la Demande de propositions soit remise gratuitement aux Candidats retenus sur la liste restreinte.

Tous les Candidats doivent recevoir en même temps les mêmes informations. Ils doivent par ailleurs pouvoir obtenir en même temps des renseignements complémentaires ou éclaircissements jusqu'au dernier tiers du délai accordé pour la remise des propositions.

1.1.1 <u>Le délai de dépôt des propositions.</u>

Bien que le délai nécessaire à l'élaboration des propositions dépende de l'importance et de la complexité du marché de prestations intellectuelles, il est généralement accordé pour la remise des propositions au moins trente jours calendaires, à compter de la date de remise des Demandes de propositions.

En fonction de la complexité de la mission, les délais de préparation des propositions varient suivant la complexité du projet, pour les missions courantes, le délai est au moins de trente (30) jours entre la date de publication de la Demande de propositions et celle de la remise des propositions.

Pour une consultation internationale, le délai est au moins de quarante-cinq (45) jours entre la date de publication de la Demande de propositions et la date limite de remise des propositions ; tandis que pour les missions de grande envergure ou complexes, le délai est au moins de soixante (60) jours entre la date de publication de la Demande de propositions et la date limite de remise des propositions.

Une fois fixé et annoncé, le délai de soumission ne doit en aucun cas être abrégé, mais il peut, dans des circonstances exceptionnelles, être prolongé. Cette prolongation doit être exclusivement dictée par le souci d'une meilleure concurrence ou pour des raisons d'équité ou d'économie pour l'Autorité contractante.

Toute extension du délai de soumission doit être faite de manière raisonnable avant la date limite de dépôt initialement annoncée (six jours au moins). La nouvelle date de dépôt doit être immédiatement communiquée à tous les Candidats inscrits sur la liste restreinte.

1.1.2 <u>La modification de la Demande de propositions.</u>

Comme cela a été mentionné lors de la présentation de la procédure d'Appel d'Offres ouvert en ce qui concerne les travaux, fournitures et services physiques, la Personne responsable des marchés publics peut, à tout moment, avant la date limite de remise des propositions, modifier la Demande de propositions en publiant un additif.

Tout additif publié sera considéré comme faisant partie intégrante de la Demande de propositions et sera communiqué par écrit à tous les Candidats sr la liste restreinte. Afin de laisser, aux Candidats, un délai raisonnable, pour prendre en compte l'additif dans la préparation de leurs propositions. L'Autorité contractante peut, à sa discrétion, reporter la date limite de dépôt.

1.1.3 <u>Les éclaircissements apportés à la Demande de propositions.</u>

Un Candidat sur la liste restreinte désireux de recevoir des éclaircissements sur la Demande de propositions contactera l'Autorité contractante, par écrit, à l'adresse indiquée dans la Demande de propositions.

Cette dernière répondra par écrit, dans un maximum de 3 jours, à toute demande reçue au plus tard avant « le dernier tiers » du délai global accordé pour la préparation des propositions.

Le dernier tiers signifie pour une Demande de propositions dont le délai de dépôt des propositions est de trente jours, les demandes d'éclaircissements doivent parvenir à l'Autorité contractante, avant les dix derniers jours qui précèdent la date de dépôt des propositions.

L'Autorité contractante adressera une copie de sa réponse (indiquant la question posée, sans mentionner l'origine) à tous les Candidats sur la liste restreinte. Au cas où l'Autorité contractante serait dans l'impossibilité de répondre dans les délais impartis, il lui est possible de prolonger le délai de dépôt des propositions pour prendre en compte les éclaircissements demandés.

1.2 LE DÉPÔT DES PROPOSITIONS PAR LES CANDIDATS.

Comme cela a déjà été évoqué plus haut, l'Autorité contractante donnera aux Candidats suffisamment de temps pour établir leurs propositions. Ce délai est fonction de l'ampleur de la mission. Il n'est généralement pas inférieur à quatre semaines ni supérieur à trois mois (cas des missions exigeant l'élaboration d'une méthodologie pointue telle que la préparation d'un plan directeur pluridisciplinaire).

Il peut être fait recours à un système électronique pour diffuser une Demande de propositions, à condition que la Direction du Contrôle des marchés publics estime qu'il soit adéquat. Si une Demande de propositions est diffusée électroniquement, le système électronique devra être protégé afin d'éviter des modifications non permises et il ne limitera pas l'accès aux Candidats qui figurent sur la liste restreinte à la Demande de propositions.

Conformément aux instructions données, les propositions sont présentées dans deux documents différents et dans deux enveloppes distinctes : l'une contiendra la proposition technique et l'autre, la proposition financière.

Chacune des propositions est remise en un original et en autant de copies, comme convenu, dans les Données particulières de la Demande de propositions, dans autant d'enveloppes, portant la mention « ORIGINAL » ou « COPIE » selon le cas. Les originaux et copies seront eux-mêmes placés dans une enveloppe extérieure unique cachetée. L'enveloppe extérieure refermant les propositions doit :

- mentionner le nom et l'adresse de l'Autorité contractante conformément aux indications figurant aux Données particulières ;
- comporter l'identification de la Demande de propositions ainsi que, le cas échéant, les autres identifications requises par les Données particulières ;
- comporter la mention « ne pas ouvrir avant la date et l'heure d'ouverture des plis ».

Les enveloppes intérieures doivent comporter le nom et l'adresse du Candidat et chaque fois que de besoin le terme « **proposition technique** » ou « **proposition financière** ».

L'enveloppe contenant les propositions doit être transmise soit par porteur contre récépissé, soit par la poste ou par pli recommandé. Pour le courrier remis à la poste le Candidat résident prendra toutes les mesures pour déposer son courrier au moins trois jours calendaires avant la date limite de dépôt des propositions et pour un non-résident au moins une semaine.

Les Candidats sont également autorisés à déposer, retirer, substituer, remplacer ou modifier leurs propositions, jusqu'à l'heure limite fixée dans la Demande de propositions.

Ces opérations sont faites par voie de notification écrite, dûment signée par un représentant habilité, accompagnée d'une copie de cette habilitation.

Les propositions technique et financière doivent être soumises simultanément. Aucune modification à la proposition technique ou financière n'est acceptée après la date limite de remise des propositions.

**** ***

CHAPITRE II
L'OUVERTURE DES PLIS ET ÉVALUATION DES PROPOSITIONS.

2.1 OUVERTURE DES PLIS

L'ouverture des plis suivant ce qui est adopté par les textes réglementaires peut être publique (en présence des Candidats qui désirent y prendre part) ou à huis clos, aux lieu et date précisés dans la lettre d'invitation contenue dans la Demande de propositions. La Commission de passation de marchés publics est responsable de l'ouverture des propositions, elle se réunit suivant les dispositions réglementaires en matière de quorum.

Toutes les fonctions du processus d'ouverture des plis, d'évaluation et de classement des propositions sont remplies par la Commission de Passation des marchés publics qui assiste la Personne responsable des marchés publics dans sa prise de décisions. Tous les Candidats qui ont soumis des propositions sont autorisés par l'Autorité contractante à assister ou à se faire représenter à l'ouverture des plis. Les Candidats ou leurs représentants présents signent un registre de présence.

À l'entame des opérations d'ouverture des plis, il est de bonne pratique que, le Président de la Commission des marchés fasse la présentation de ses collaborateurs membres de la Commission. Cette présentation peut être suivie d'une brève allocution axée sur les objectifs de la mission pour laquelle la consultation a été lancée pour ensuite expliquer le déroulement la procédure d'ouverture des plis.

La Commission de passation de marchés publics doit ouvrir tous les plis reçus (ou enveloppes extérieures au lieu date et heure spécifiés dans la Demande de propositions. Dans un second temps, elle procède à l'ouverture et l'exploitation des enveloppes contenant les propositions techniques.

Le contenu lu à haute voix pour chaque proposition technique se rapporte, au nom du Candidat, à la présence d'une proposition technique et d'une proposition financière ainsi que tout autre détail que le Président de la Commission des marchés peut juger utile de mentionner.

Au terme de ce processus, il est établi un procès-verbal d'ouverture des plis. Tout pli reçu après expiration du délai de remise des propositions sera retourné à l'expéditeur sans avoir été ouvert. Il est important d'accorder une attention particulière au repérage des propositions financières. Il faudra veiller, à l'ouverture des plis, à affecter le numéro de repérage attribué à la proposition technique à la proposition financière, correspondante.

Les propositions financières resteront fermées jusqu'à leur ouverture en public et sans ces numéros de repérage, il sera pratiquement impossible de les sérier pour ne pas ouvrir celles dont les propositions techniques n'auront pas été retenues.

Il revient au Président de la Commission de Passation des marchés publics de proposer ou de coopter les membres du Comité d'analyse des propositions (ou Commission d'évaluation des propositions) tout en y assurant la participation majoritaire des représentants de l'Autorité contractante.

Le Comité technique d'analyse des propositions est composé d'un (1) Président désigné, par la Commission de Passation des marchés publics, d'un (1) Secrétaire désigné parmi les agents de la Cellule des marchés publics.

Outre le Président du comité et le secrétaire, le Comité technique d'analyse des propositions peut comprendre des délégués techniques de l'Autorité contractante maîtrisant les spécificités du marché et/ou des « Prestataires de services intellectuels » ou experts du domaine objet du marché.

2.2 ÉVALUATION DES PROPOSITIONS TECHNIQUES

Après le processus d'ouverture des plis, la Commission de Passation des marchés publics se réunit immédiatement, à huis clos, pour mettre les propositions en bon ordre et procéder à l'élaboration d'un programme d'évaluation adaptée à la complexité des propositions à examiner.

L'analyse des propositions techniques et la rédaction du Rapport d'analyse sont placées sous la responsabilité du Président de la sous-commission d'analyse.

L'évaluation technique doit être effectuée en pleine conformité avec les dispositions de la Demande de propositions. Les évaluateurs des propositions techniques ainsi que la Commission de passation des marchés n'auront accès aux propositions financières qu'au terme de l'évaluation technique, y compris les examens et « avis de non-objection » éventuels de la Direction du Contrôle des marchés publics.

L'analyse de la valeur technique des propositions est l'étape d'analyse la plus subjective, elle se fait généralement à partir d'une grille d'évaluation qui est un outil qui peut aider à former un jugement sur les propositions des Candidats.

La grille prend le plus souvent la forme d'un tableau qui explicite habituellement les critères qui servent à évaluer les propositions des Candidats et contient une description des niveaux de performance possibles ou attendus de la part des Candidats.

Le rôle de l'Autorité contractante sera de canaliser la subjectivité en faisant appliquer de manière bien vaillante les sous-critères objectifs décomposant le critère valeur technique et en épousant les critères qui avaient été consignés dans la Demande de propositions et sur lesquels vont se référer les évaluateurs pour motiver le poids des notes qui seront attribuées.

Le Comité d'évaluation juge des qualifications et de l'expérience du personnel-clé proposé à partir des curricula vitae, qui doivent être exacts, complets et signés par un responsable habilité du Prestataire de services intellectuels et par l'expert proposé, lui-même.

La capacité technique des experts à mener à bien les différentes opérations et tâches de la mission est appréciée en fonction de trois sous-critères que sont : leurs qualifications d'ordre général, leurs qualifications spécifiques pour la mission et de leur expérience de la zone ou devra se dérouler la mission.

La qualification d'ordre général renseigne sur le niveau de formation académique, les années d'expérience professionnelle, les postes occupés, la durée d'emploi auprès du Candidat ou l'entreprise qui propose leur Candidature. Les qualifications spécifiques pour la mission sont relatives aux études, à la formation et à l'expérience dans le secteur ou domaine du sujet en cause.

L'expérience de la zone où devra se dérouler la mission avec notamment la connaissance de la langue de la localité, sa culture, et son organisation sociale confère à l'expert une facilité dans la communication et une bonne intégration qui permettent de tirer des conclusions pertinentes.

Chaque point attribué à une rubrique de la valeur technique doit pouvoir être explicité et motivé, pour permettre de choisir de façon éclairée, un prestataire de services intellectuels qualifié.

L'argumentaire au niveau de chaque rubrique permet de conforter la note attribuée afin de pouvoir rendre compte de l'analyse effectuée. Il est une assertion qui dit : « *la démonstration repose sur des **arguments vérifiables** et ne vise pas un interlocuteur en particulier puisque la vérité démontrée a pour vocation d'être **universellement admise.***

Pour établir la véracité d'une évaluation technique, il est souvent fait recours à une grille d'évaluation qui est l'outil le plus fréquemment utilisé pour apprécier la qualité d'une proposition technique. Elle permet de porter un jugement sur l'accomplissement de processus qui ne peuvent être jugés tout simplement bons ou mauvais.

La grille d'évaluation est souvent subdivisée en critères accompagnés, d'une échelle qui consiste en une succession d'éléments gradués (sous-critères), qui correspondent à des degrés, pour atteindre la qualité visée.

GRILLE D'ÉVALUATION DE PROPOSITIONS TECHNIQUES				
N° d'ordre			**Critères et sous-critères**	**Barème**
1			**Expérience pertinente du prestataire pour la mission**	10 %
	1,1		Expérience du prestataire (cabinet ou bureau d'études) dans le domaine de la mission envisagée (40 % de la note)	
	1,2		Expérience dans un aspect spécifique de la mission envisagée soit 60 % de la note ou 20 % par expérience pour au plus 3 expériences	
2			**Pertinence de l'approche méthodologique et du plan de travail proposés par rapport aux termes de référence**	50 %
	2,1		Compréhension des termes de référence (15 % de la note)	
	2,2		Pertinence de l'approche méthodologique (45 %)	
	2,3		Adéquation du calendrier d'exécution de la mission v/s la méthodologie proposée (10 % de la note)	
	2,4		Cohérence du calendrier d'exécution et adéquation de la répartition des tâches entre les différents membres de l'équipe (30 % de la note)	
3			**Qualification des experts**	30 %
	3,1		**CV expert < I > (décliner le profil) (40% qualification)**	
		a)	**Diplôme obtenu** (*x points correspondant à 30 % de la note pour Bac + 4) soit 7,5 % par année après le bac par exemple*	
		b)	**Pertinence du profil** (*x points correspondant à 30 % de la note si la personne proposée répond à l'un des profils ou est admise en équivalence).*	
		c)	**Années d'expérience ou nombre d'expériences pratiques dans le domaine de la mission envisagée**. (*x points correspondant à 40 % de la note pour le nombre d'années d'expérience ou par expérience répertoriée ou 8 % de la note par année ou par expérience répertoriée).*	
	3,2		**CV expert < 2 >** (décliner le profil) (35 % qualification)	
		a)	**Diplôme obtenu** (*x points correspondant à 30 % de la note pour Bac + 4) soit 7,5 % par année après le bac par exemple*	
		b)	**Pertinence du profil** (*x points correspondant à 30 % de la note si la personne proposée répond à l'un des profils ou est admise en équivalence).*	
		c)	**Années d'expérience ou nombre d'expériences pratiques dans le domaine de la mission envisagée**. (*x points correspondant à 40 % de la note pour le nombre d'années d'expérience ou par expérience répertoriée ou 8 % de la note par année ou par expérience répertoriée)*	
	3,3		**CV expert < 3 >** (décliner le profil) (25 % qualification)	
		a)	**Diplôme obtenu** (*x points correspondant à 30 % de la note pour Bac + 4) soit 7,5 % par année après le bac par exemple*	
		b)	**Pertinence du profil** (*x points correspondant à 30 % de la note si la personne proposée répond à l'un des profils ou admise en équivalence).*	
		c)	**Années d'expérience ou nombre d'expériences pratiques dans le domaine de la mission envisagée**. (*x points correspondant à 40 % de la note pour le nombre d'années d'expérience ou par expérience répertoriée ou 8 % de la note par année ou par expérience répertoriée)*	
4			**Connaissance du lieu d'exécution de la mission**	10 %
TOTAL NOTE TECHNIQUE				100
NOTE : Le seuil d'acceptabilité pour la proposition technique est fixé à un minimum de 70 points sur 100 points. Les propositions techniques qui n'atteindront pas cette note minimum ne seront pas prises en considération pour l'évaluation financière.				

Les critères consignés dans la Demande de propositions et qui sont retranscrits dans la grille d'évaluation des propositions techniques (ci-dessus) portent généralement sur quatre grandes rubriques, qui ont chacun un poids qui lui est attribué et ont trait à :

- l'expérience du prestataire en tant que firme : le poids accordé à l'expérience est toujours relativement modeste, puisque ce critère a déjà été pris en compte lors de l'établissement de la liste restreinte des Candidats. Cette rubrique vaut généralement 10 % de la valeur réservée à la notation technique ;
- la méthodologie revêt une grande importance, sa complexité est fonction de la nature de la mission. Cette rubrique vaut généralement 40 à 50 % de la valeur réservée à la notation technique ;
- le personnel proposé pour une mission, pour lequel, il est recommandé de n'évaluer que le personnel-clé, dans la mesure où c'est lui qui, en dernière instance, détermine la qualité des prestations. Le poids à accorder au personnel dépend la plupart du temps de la complexité de la mission proposée. Cette rubrique vaut généralement 20 à 30 % de la valeur réservée à la notation technique.
- la connaissance du lieu d'exécution de la mission qui vaut généralement 5 à 10 % de la valeur de la notation technique.

La Commission des marchés veillera à obtenir des notes « discriminantes », valorisant les différences entre les propositions des Candidats afin d'éviter de niveler les appréciations et faire jouer la pondération.

Lors de la restitution de l'analyse des propositions techniques, le Président de la Commission des marchés devra inviter les évaluateurs à réduire les écarts éventuels qui pourraient être constatés au niveau de la notation d'une même rubrique. Pour une même rubrique et pour un même Candidat, on ne devra pas avoir des écarts de plus de 3 points.

Exemple si le niveau requis est : Bac + 4 : pour cette rubrique, deux évaluateurs ne sauraient donner des notes ayant plus de trois points d'écart. Cependant, il leur est toléré un écart de deux à trois points.

Lors de l'évaluation des propositions techniques, il arrive parfois qu'un même expert soit proposé à un poste par plusieurs Candidats. Cela ne devrait pas constituer un facteur de blocage au niveau de l'analyse des propositions, dès lors qu'un seul attributaire sera retenu.

Il faut au niveau de la notation veiller à ce que cet expert reçoive la même note au niveau de toutes les propositions, la différence dans les propositions techniques se fera avec les autres rubriques.

Toute autre action réduirait la concurrence et peut même déboucher sur un rejet de toutes les propositions si jamais les cinq Candidats par extraordinaire avaient proposé les services de ce même expert. Un expert s'il est présenté par plusieurs Candidats c'est certainement parce qu'il est bon.

Le rapport d'évaluation devra justifier les résultats de l'évaluation en décrivant les points forts et les points faibles de tous les critères et sous-critères qui avaient été annoncés dans les Données particulières de la Demande de propositions.

Toute proposition qui ne satisfait pas des éléments importants des Termes de référence ou n'atteint pas la note technique minimum spécifiée dans la Demande de propositions doit être jugée inacceptable et rejetée dès ce stade. Tous les documents relatifs à l'évaluation, tels que les feuilles de notes individuelles, accompagneront le rapport d'évaluation et seront conservés jusqu'à l'achèvement du projet et son audit.

A l'issue de l'évaluation de la qualité, le rapport d'évaluation technique sera, suivant le niveau de revue, soumis à la Direction du Contrôle des marchés publics ou la Cellule des marchés.

Lorsque ces organes auront émis leur « avis de non-objection », l'Autorité contractante informera les Candidats qui ont soumis des propositions, de la note attribuée à leur proposition technique, tout en invitant les Candidats qui ont obtenu la note de qualification minimum à l'ouverture de leurs propositions financières.

Cette date sera fixée de manière à permettre aux Candidats de prendre les dispositions nécessaires pour assister à l'ouverture des propositions financières ; elle est généralement fixée à une semaine après la notification au Candidat qu'il a obtenu une supérieure ou égale au minimum requis pour la qualification.

2.2.1 Évaluation des propositions financières.

2.2.1.1 Ouverture des propositions financières

L'Autorité contractante procédera à l'ouverture des propositions financières, aux heure, date et lieu indiqués, pour les Candidats ayant obtenu une note supérieure à la note technique minimale indiquée.

Les Candidats qui sont qualifiés techniquement sont invités à assister à l'ouverture des propositions financières, mais ils n'y sont pas obligés. Les plis des propositions financières sont ouverts lorsque l'évaluation des propositions techniques a déterminé la liste des cabinets techniquement qualifiés et ayant obtenu la note minimale « satisfaisante » prévue dans la Demande de propositions.

Le nom du Candidat, la note technique obtenue et les prix proposés seront lus à haute voix et consignés par écrit dans le procès-verbal d'ouverture des propositions financières. L'Autorité contractante doit accorder une attention particulière au contenu des propositions financières.

Pour les propositions qui s'écartent sensiblement des autres propositions reçues dans le cadre d'une même mission, il est possible de demander le sous-détail du prix. Toutefois, l'Autorité contractante dispose de plusieurs techniques pour valoriser ou réduire les écarts entre les propositions financières. Les erreurs de calcul sont à corriger directement avec l'assentiment du Candidat.

2.2.1.2 Calcul de la note financière.

La proposition financière inclut la totalité de la rémunération du Prestataire de services intellectuels de même que les autres dépenses telles que les frais de déplacement, de traduction, d'impression des rapports, etc.

L'analyse des propositions financières des Candidats est, dans le processus de comparaison des prestations intellectuelles, une étape empreinte d'objectivité, reposant sur l'application directe de formules destinées à comparer les différents prestataires de services intellectuels en lice. Par application du principe directeur basée sur l'économie, la proposition financière moins disant (PF_{md}) se verra attribuer une note financière indiquée par le sigle (NF_{md}) ou Note financière moins-disant de 100

$$\mathbf{Nf_{md} = (PF_{md}/PF_{md}) \times 100}$$

Les notes financières pour les autres propositions seront calculées suivant la technique de la proportion inverse (chacune des notes financières sera inversement proportionnelle en fonction de leur montant, par rapport au moins-disant).

On dit de deux grandeurs que l'une est proportionnellement à l'inverse de l'autre, si la valeur de l'une augmente, celle de l'autre diminue. Plus la proposition sera onéreuse, moins elle n'aura de points. Ainsi, les autres notes financières sont calculées comme suit :

$$\mathbf{Nf_{x} = (PF_{md}/PF_{x}) x100}$$

- $\mathbf{Nf_x}$ est la note financière du Candidat à évaluer ;
- $\mathbf{PF_{md}}$ la proposition moins disant ;
- $\mathbf{PF_x}$ le montant de la proposition à évaluer.

Par exemple :

Si la proposition 1, la moins-disant s'élève à 120 millions F CFA a reçu une note technique de 80 points, et une note financière de 100 ; tandis que la proposition 2 a reçu une note technique de 75 avec une proposition financière qui s'élève à 180 millions F CFA, sa note financière sera de : 100 x 120/180 = 66 points

Nota bene : Les notes financières peuvent être déterminées à l'aide d'autres méthodes (variation linéaire ou autres). La méthode doit être décrite dans la Demande de propositions.

2.2.1.3 L'évaluation technique et financière combinée

Il est recommandé de recruter de bons « Prestataires de services intellectuels » afin de pouvoir disposer d'une étude à haute valeur technique tout en appliquant le principe de l'économie, afin de favoriser les propositions les moins onéreuses. Lors de l'évaluation, la plupart du temps, la proposition financière est faite en termes monétaires, alors que la proposition technique est évaluée en points.

La réconciliation des données financières et les notes en chiffres se fait par l'intermédiaire des coefficients de pondération. L'évaluation des propositions de prestations intellectuelles doit par principe faire primer la qualité sur le coût. L'effort devant être fait sur la proposition technique recommande d'accorder la part la plus importante de la note globale à l'étude technique dans les proportions de 60 à 80 %.

Pour la proposition financière il est conseillé de lui donner une valeur relative comprise entre 10 et 40 % de la note globale et surtout ne jamais dépasser les 40 % compte de l'impact que la solution technique peut avoir sur le résultat final de la prestation.

Ces parts relatives accordées à la note technique et à la note financière par rapport à la note globale sont appelées coefficients techniques de pondération. Un coefficient de pondération étant un facteur appliqué à un nombre en vue d'en modifier la valeur.

La bonne pratique a montré que pour les marchés de prestations intellectuelles, le meilleur barème de pondération ou le niveau idéal des coefficients est de 0,8 pour l'étude technique et de 0,20 pour l'étude financière. C'est-à-dire si la note globale est = 100 %, la part de la note technique est de 80 % et celle de la note financière 20 %.

Le graphique ci-dessous permet de mieux apprécier le mode de détermination des coefficients de pondération des propositions techniques et financières pour les marchés publics de prestations intellectuelles.

COEFFICIENTS DE PONDERATION

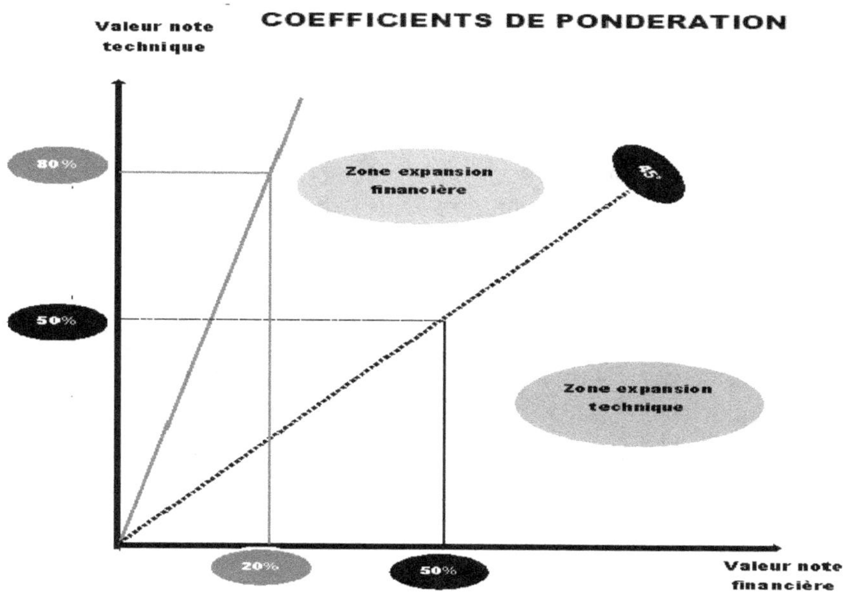

Sur un repère orthonormé, la diagonale qui passe par le milieu au niveau de la limite des quarante-cinq degrés (45) on observe une parfaite égalité entre la part de la note technique (Nt) et la part de la note financière (Nf).

Un déplacement de la diagonale vers le haut de manière à réduire la part de l'étude financière entraîne de facto une augmentation de la part de l'étude technique dans la note globale.

La partie inférieure du graphique à partir de la diagonale matérialise la zone d'expansion de valeur technique et au-dessus de la diagonale il y a la zone de gain de l'étude financière.

L'augmentation de l'une des zones par glissement de la diagonale entraîne automatiquement la diminution de l'autre.

Une note globale (Ng) est la combinaison ou l'addition de la note technique (Nt) et une note financière (Nf). Il est possible de traduire mathématiquement cette assertion par l'équation suivante :

Note globale= Note technique+ Note financière
Ng= Nt+ Nf

Il est établi que la valeur d'une équation ne change pas si, on divise les chiffres de part et d'autre du signe égal par un même dénominateur.

$$Ng = Nt + Nf \quad \text{équivalent à} \quad \frac{Ng}{Ng} = \frac{Nt}{Ng} + \frac{Nf}{Ng}$$

La conséquence est que Ng/Ng = 1 (tout nombre divisé par lui-même est égal à 1) ; Donc 1= Nt/Ng + Nf/Ng.

Ce qui traduit par ailleurs par le fait que toute position sur la diagonale à 45 degrés fait qu'en tout point les projections orthogonales par rapport aux abscisses ou ordonnées indiquent que la part de la valeur technique égale celle de la valeur financière.

Ce qui peut être traduit par Ng/Ng = 1.

Il en découle si Nt/Ng est égal à 0,5, Nf/Ng est égal à 0,5.

Plus on avance dans la zone de perte de valeur de l'étude financière, plus la zone de gain de la valeur technique la valeur globale s'apprécie et vice versa.

Ces parts relatives affectées à la note technique et à la note financière par rapport à la note globale constituent les coefficients de pondération. Un coefficient de pondération peut être compris comme étant un facteur appliqué à un nombre en vue d'en modifier la valeur.

2.2.1.4 Calcul de la note globale ou note combinée

Pour l'établissement du classement final, les poids respectifs attribués aux propositions technique et financière de (60 à 80 %) pour les propositions techniques et (40 à 20 % pour les propositions financières sont appliqués au note technique et financière obtenues par chaque Candidat et constituent les notes techniques pondérées.

Ces notes techniques pondérées sont additionnées pour donner la note globale. Autant que faire se peut, éviter d'arrondir les notes décimales obtenues garder au moins deux chiffres après la virgule.

2.2.1.5 Départager deux Candidats ayant une même note globale au terme de l'évaluation.

Il est possible qu'au terme de la combinaison des notes techniques et financières après pondération que deux Candidats aient le même nombre de points au niveau de la note globale. Que faut-il faire pour les départager ?

Faut-il choisir celui qui a la meilleure note technique, car il est recherché une proposition à haute qualité technique ?

Ou faut-il, compte tenu de la rareté de la ressource financière, pencher pour la proposition qualifiée qui présente la proposition moins chère ?

Voilà une question qui, dans bien de cas, a préoccupé les évaluateurs.

Pour départager des Candidats ex æquo en ce qui concerne leur note globale exprimée en nombres entiers, il convient d'ouvrir le décimal suivant.

La plupart du temps, les calculs effectués débouchent sur des nombres décimaux. Si, l'égalité se manifeste au niveau du premier décimal après la virgule, il faut voir au niveau du décimal suivant et ainsi de suite.

Le prestataire Candidat dont la note présentera le chiffre décimal suivant le plus élevé est retenu comme étant classé premier.

Exemple : Deux « Prestataires de services intellectuels » « Darou khoudoss Consulting » & « Diacksao Consultance » ont obtenu comme note finale :

Darou khoudoss Consulting	Diacksao Consultance	
84	**84**	**Points obtenus**
84,5	84,5	Premier chiffre décimal
84,56	84,56	Deuxième chiffre décimal
84, 568	84,568	Troisième chiffre décimal
84,5 687	84,5 687	Quatrième chiffre décimal
84,5 6871	845, 6876	Cinquième chiffre décimal

Le Candidat classé premier est « Diacksao Consultance » avec 84,56876 points au cinquième chiffre décimal alors que Darou khoudoss Consulting a enregistré 84,5 6871.

**** ***

CHAPITRE III
PROCESSUS D'ATTRIBUTION DES MARCHÉS DE PRESTATIONS INTELLECTUELLES

Une fois que le Comité d'évaluation aura terminé de rédiger le rapport d'analyse des propositions, il devra, en faire la restitution, devant la Commission de Passation des marchés publics. Cette Commission revisitera le rapport en vérifiant si les critères ont été bien appliqués.

4.1 LES CRITÈRES D'ATTRIBUTION DES MARCHÉS DE PRESTATIONS INTELLECTUELLES.

Pour l'attribution du marché de « Prestations intellectuelles », ce sont les critères qui ont été préalablement annoncés dans la Demande de propositions, qui sont appliqués. Les modalités d'attribution, au terme de l'analyse des propositions techniques et financières se présentent ainsi qu'il suit.

4.1.1 Méthode de sélection Qualité Coût (SQC)

Le marché est attribué au Candidat qualifié ayant la note combinée la plus élevée.

4.1.2 Méthode de sélection qualité seule (SQS)

Le marché est attribué au Candidat qualifié ayant la note technique la plus élevée.

4.1.3 Méthode de sélection basée sur la meilleure proposition financière (SMPF)

Le marché est attribué au Candidat qualifié ayant la proposition financière évaluée la moins chère.

4.1.4 Méthode de sélection basée sur un budget prédéterminé (SBP)

Le marché est attribué au Candidat qualifié dont la proposition financière ne dépasse pas le budget annoncé et qui a obtenu la note technique la plus élevée.

4.2 LA DÉCISION D'ATTRIBUTION PROVISOIRE D'UN MARCHÉ DE PRESTATIONS INTELLECTUELLES

Dans le cadre d'une procédure de passation d'un marché public, la décision de l'Autorité contractante d'attribuer le marché et la notification de cette décision au Candidat choisi constituent deux moments essentiels.

Par la décision d'attribution qui clôture la phase administrative de la procédure de passation, l'Autorité contractante entérine le choix opéré par la Commission de Passation des marchés publics. Elle est matérialisée par l'approbation du rapport d'évaluation.

4.2.1 **La procédure d'attribution provisoire d'un marché de prestations intellectuelles.**

La procédure d'attribution provisoire joue un rôle important dans l'information qui doit entourer les passations de marchés publics. Elle permet en effet d'informer les Candidats non retenus, mais aussi, et plus généralement toute personne concernée, que le processus a franchi une étape importante et que sauf obstacle ou imprévu le marché sera attribué.

Dans le cadre de la passation des marchés publics, la décision d'attribution délivrée par la Direction du Contrôle des marchés publics ou la Cellule de Passation des marchés permet de procéder aux opérations tendant à l'achèvement de la procédure et à la conclusion du contrat. Elle est marquée par :

- la publication de l'avis d'attribution provisoire ;
- l'envoi des lettres d'attribution ;
- l'envoi des lettres de non-attribution ;
- l'observation du délai de suspension, contrôle de légalité le cas échéant.

La publication d'un avis d'attribution provisoire est obligatoire pour les marchés donnant lieu à une « Procédure prévue dans un Code des marchés publics » « PPCM ».

L'avis d'attribution provisoire est un document d'information publié par l'Autorité contractante dans les mêmes conditions et en utilisant les mêmes moyens publicitaires que, ceux utilisés lors de l'avis d'appel public à la concurrence.

Suivant la décision d'attribution délivrée par la Direction du Contrôle des marchés publics ou la Cellule des marchés après examen du rapport d'analyse des propositions. L'Autorité contractante publiera les résultats qui permettent d'identifier l'objet de la consultation, ainsi que les informations suivantes :

- le nom de chaque Candidat qui a soumis une proposition ;
- les Candidats dont les propositions n'ont pas été retenues et les motifs de rejet ;
- le nom du Candidat retenu et le prix qu'il a offert, de même que la durée et la synthèse du marché attribué.

La publication d'un avis d'attribution est obligatoire pour les marchés passés selon une « Procédure prévue au Code des marchés publics » « PPCM. Le Délai de publication de l'avis d'attribution provisoire est une information optimale des intéressés.

**** ***

CHAPITRE IV
NÉGOCIATIONS, PRÉPARATION ET CONCLUSION DU CONTRAT

Pour entamer les négociations avec le Candidat classé premier à l'issue de l'évaluation faite en utilisant l'une des méthodes citées plus haut, l'Autorité contractante, après avis de la Direction en charge du Contrôle des marchés lui envoie une lettre d'invitation à négocier dans les mêmes formes que la lettre d'invitation à soumissionner.

Si au cours des négociations surviennent des événements qui font que l'Autorité contractante a des preuves que le Candidat a fait de fausses déclarations ou qu'il y a eu des désaccords, il sera prononcé la fin des négociations.

Le Candidat avec lequel les négociations ont été rompues sera informé des motifs ayant conduit à cette rupture. Ces négociations ne pourront être reprises dès lors que les négociations avec le Candidat classé en seconde position seront engagées.

5.1 DÉFINITION ET IMPORTANCE DES NÉGOCIATIONS.

Les négociations en « Prestations intellectuelles » désignent, la recherche dans un temps limité, d'un accord pour satisfaire un besoin d'une Autorité contractante à travers un processus d'échanges avec le Candidat déclaré attributaire provisoire au terme de l'évaluation des propositions technique et financière.

À la différence des marchés de travaux, de fournitures et d'équipements, les prestations intellectuelles peuvent donner lieu à négociations avant signature du marché.

Ces négociations ont notamment pour objet d'ajuster définitivement le contenu contractuel des prestations à réaliser en fonction des termes de référence, des éventuels commentaires du consultant inclus dans la proposition retenue et de la méthodologie d'intervention proposée.

Toute modification majeure des termes de référence, de la méthodologie du consultant ou de l'équipe des experts proposés est proscrite. Si la méthode d'évaluation utilisée intègre la composante financière, alors les négociations ne doivent pas porter sur les prix unitaires proposés par le consultant dans sa proposition.

L'objectif des négociations pour les prestations intellectuelles est de se concentrer sur les aspects autres que ceux liés au coût de l'intervention. Les négociations constituent l'une des étapes du processus de passation de marchés de prestations intellectuelles pour laquelle, l'Autorité contractante a un rôle important à jouer.

Négocier ne s'improvise pas ; cela suppose un travail de préparation pour éviter de n'obtenir du prestataire qu'une simple diminution de coûts. Afin d'aboutir à des négociations efficaces, plusieurs étapes doivent être suivies et l'on doit s'intéresser aux rapports de force en présence et surtout pas d'antagonisme ; aux explications par rapport à certains points de la proposition technique et de la proposition financière du Prestataire de services intellectuels le mieux classé.

5.1.1 Négociations des marchés de prestations intellectuelles.

La phase de négociations des prestations intellectuelles est une étape essentielle, dans le processus de conclusion d'un marché de prestations intellectuelles ; elle est peut-être plus importante que l'évaluation des propositions.

L'Autorité contractante doit connaître l'existant et son besoin à la perfection ; systématiser la décomposition des coûts ; maîtriser parfaitement les implications essentielles ; dégager un maximum de leviers de négociation et les prioriser. Le processus de négociations des Prestations intellectuelles peut être subdivisé en cinq étapes :

- la préparation des négociations ;
- les discussions du problème ;
- la proposition de solutions ;
- les acceptations de compromis ;
- la finalisation de l'Accord.

5.1.2 La préparation des négociations.

5.1.2.1 Fixer des objectifs clairs.

Pour bien conduire les négociations préalables à la conclusion d'un contrat de prestations de services intellectuelles, tout comme pour la mise en œuvre de la mission, il est vital de comprendre que : *« si quelqu'un ne sait pas où il va, il est probable qu'il risque de n'arriver nulle part »*. Aussi, faut-il penser, à ce que l'on veut voir se réaliser.

Pour mener des négociations, il est important de se fixer :

- un **objectif maximum,** le meilleur résultat possible ;
- un **objectif minimum,** le plus bas possible, mais acceptable ;
- un **objectif cible,** ce que l'on compte obtenir avec réalisme.

5.1.2.2 Développer une stratégie de négociation.

Pour mener à bien les négociations pour la conclusion d'un contrat de prestations intellectuelles, l'Autorité contractante doit développer une stratégie. Car, il est important de décider du comment transmettre l'information par rapport à une position et les buts poursuivis, afin de pouvoir chaque fois que de besoin façonner le climat des négociations.

Le premier élément de cette stratégie est de désigner pour la présidence de la séance de chaque négociation quelqu'un qui connaît parfaitement les prestations qui feront l'objet du futur contrat. Le président de cette séance doit être à un niveau décisionnel suffisamment élevé et de surcroît, faire preuve de pondération puisque parfois, il peut jouer aussi un rôle de médiateur.

À l'entame des négociations, il est tout à fait indiqué de :

- faire la présentation des membres de l'équipe de l'Autorité contractante en brossant leur cursus et leurs expériences par rapport à l'objet de la mission pour laquelle les négociations sont menées ;
- définir les règles de la rencontre (pourquoi, pour quelle durée, qui parlera en premier, etc.) ;
- donner au responsable en charge de la mission ou du spécialiste expert du domaine objet de la prestation envisagée d'exposer son opinion sur la question ;
- identifier qui supervisera la mission et qui assurera les réponses aux questions abordées ;
- obtenir l'avis des membres du comité de négociation et bien sûr recueillir l'opinion du Prestataire de services intellectuels.

Lors des négociations notamment pour les négociations en équipe, après la présentation de celui qui dirige la discussion, il est important de faire connaître que l'option de l'Autorité contractante est une approche, « gagnant-gagnant ». Il est tout aussi important de vérifier que, tout est bien compris et qui est le porte-parole au niveau de chacune des parties en présence.

La prise de note étant un élément important à plus d'un titre, il conviendra de désigner un secrétaire de séance ; en respectant le parallélisme des formes, en portant le choix sur un des membres de la Commission de Passation des marchés publics ou sur le représentant de la Cellule de Passation des marchés qui pourrait parfaitement joue ce rôle.

Afin de préparer et de renforcer les arguments permettant de mener à « bon port » les négociations. Il est tout aussi indiqué d'anticiper les réclamations que le Prestataire de services intellectuels pourrait soulever, de même que sa réaction par rapport à d'éventuelles interrogations que formulerait l'Autorité contractante.

Pendant les négociations, il peut être bon d'interrompre la séance pour une durée plus ou moins longue (suspension de séance).

On pense souvent que cela ne se fait que dans les négociations officielles ou importantes. Cependant, cela peut être utilisé dans presque toutes les négociations. Cela donne du temps pour la réflexion.

Dans le cas de négociations en groupe, cela permet aussi de considérer les nouvelles suggestions/propositions de l'autre partie. Au lieu de perdre du temps à essayer de connaître l'opinion du reste du groupe, il est possible de trouver un raccourci au temps de négociation en mettant à profit les suspensions de séance.

5.1.3 Conduite des négociations de prestations intellectuelles.

Lors des négociations de prestations intellectuelles, il faut garder à l'esprit les objectifs poursuivis. À chaque nouvelle proposition ou concession s'assurer qu'elle s'inscrit dans la limite des possibilités de l'Autorité contractante.

L'attitude à adopter pendant les négociations des marchés de prestations intellectuelles est de chercher à faire comprendre au « Prestataire de services » qu'il s'agit d'un « contrat de partenariat » en faisant tout ce qui est possible pour créer les conditions d'un d'échange « gagnant-gagnant ».

Pour cela, une bonne capacité à écouter est requise. Pour tirer le meilleur parti de chaque réponse donnée, il faut commencer par écouter pour n'intervenir que quand une information importante est omise. Plus on écoute, plus on se concentre sur ce que l'autre partie dit, plus on se familiarise avec ses inquiétudes et positions.

Un aspect important dans les négociations de prestations intellectuelles est de « discuter des problèmes » en mettant sur la table, de manière diplomatique, mais ferme, toutes les insuffisances ou interprétations du « Prestataire de services intellectuels » décelées dans sa proposition technique notamment, les insuffisances dans sa compréhension des termes de références, les écarts et incohérences relevés dans sa méthodologie.

Le comité de négociation de l'Autorité contractante se doit de maitriser la demande exprimée car la compréhension des Termes de références déteint sur la méthodologique proposée. De la méthodologie dépendra le profil des experts et la proposition financière.

Une autre qualité importante d'un bon négociateur c'est de savoir poser les bonnes questions, car cela donne l'occasion d'obtenir plus d'informations et de s'assurer que l'on comprend bien les informations données. Il faut poser des questions jusqu'à l'obtention d'une réponse la plus complète possible. Le plus important dans l'art de poser une question est de demander, ce qui peut être une source pour étudier les arguments de l'autre partie.

De manière générale, il y a deux catégories de questions : les questions ouvertes et les questions fermées.

- les **questions ouvertes** commencent avec : qui, quoi, pourquoi, où et quand. Les questions ouvertes aident les gens à parler. Elles ouvrent un sujet. Elles sont aussi utiles pour explorer plus en détail une réponse jugée insuffisante la première fois ;
- les **questions fermées** peuvent débuter par : « est-ce que », « y a-t-il » ou des conditionnels. Les questions fermées permettent d'obtenir une information exacte sur un sujet et d'éviter un malentendu. Elles peuvent aussi être employées lorsqu'on veut clôturer un sujet de discussion.

Il est aussi important de comprendre les problèmes de « Prestataire de services intellectuels ». Sans cette compréhension, il n'est pas possible de proposer de solutions ou des alternatives.

5.1.3.1 Les négociations techniques.

Les négociations comportent une discussion de la Proposition technique, y compris la méthodologie proposée, le plan de travail, la dotation en Personnel-Clé et toutes les suggestions faites par le Candidat pour améliorer les Termes de références à la demande de l'Autorité contractante.

Ces discussions doivent être limitées à des précisions et clarifications nécessaires. Elles ne doivent pas conduire à des modifications des Termes de référence initiaux ni des autres conditions du marché.

Toute action contraire conduirait à changer les termes de la mise en concurrence, donc à rompre l'équilibre du marché. Les discussions et les améliorations à apporter ne doivent pas, en particulier, affecter la qualité technique de l'approche proposée, sa valeur financière, et la pertinence de l'évaluation initiale.

Les moyens en personnel prévus ne doivent pas être réduits de façon sensible dans le seul but de se conformer à un budget disponible. Le Candidat retenu ne peut être autorisé à remplacer le Personnel-Clé proposé dans son offre technique, qu'avec l'agrément de l'Autorité contractante, lorsque ce(s) remplacement(s) est (sont) indispensable(s) à la réalisation des objectifs de la mission.

Ces remplacement(s) ne sont envisageables qu'en cas de survenance d'événements inévitables entraînant un très grand retard dans le processus de sélection, ou pour des raisons d'incapacité pour raisons médicales ou décès.

Il faut beaucoup de fermeté par rapport au remplacement d'un expert. On ne peut pas remplacer un expert sur la base de simples déclarations, il faut prouver son indisponibilité.

S'il faut le remplacer, il faut le faire avec un expert d'égale valeur. Ceci n'est que la juste mesure par rapport à la tolérance accordée au niveau de l'analyse des propositions techniques, ou il a été possible de continuer le travail d'évaluation même si l'on enregistre la présence d'un expert dans plusieurs propositions.

Au cas où une Autorité contractante serait favorable au remplacement d'un membre du personnel-clé, il faudra que ce personnel proposé en remplacement soit évalué suivant les dispositions qui avaient été consignées dans la Demande de Propositions. Chaque expert à remplacer doit posséder des qualifications égales ou supérieures à celles de la personne initialement proposée.

Il faut par ailleurs que l'expert en remplacement soit présenté par le Candidat dans les délais spécifiés dans le procès-verbal de négociations. Si tel n'est pas le cas, et s'il est établi que le Candidat a inclus dans sa proposition une personne-clé sans s'être assuré de sa disponibilité, ce Candidat sera disqualifié et le processus de sélection est poursuivi avec le Candidat classé deuxième.

5.1.3.2 Les négociations financières.

Les négociations financières visent notamment à déterminer quelles seront les obligations fiscales du « Prestataire de services intellectuels » notamment si c'est un étranger et de quelle manière cet assujettissement à l'impôt sera pris en compte dans le marché.

1) Négociation de la rémunération, des remboursables

Du fait que les paiements des marchés à rémunération forfaitaire sont basés sur des résultats (ou produits), le prix proposé inclura tous les coûts (personnel, frais généraux, déplacements, hébergement, etc. Il ne peut pas être négocié. Le prix d'un marché à rémunération forfaitaire ne peut être augmenté ou diminué.

Dans le cas de marchés rémunérés au temps passé, le paiement est basé sur les intrants (le temps du personnel et les frais remboursables) et le prix offert inclut la rémunération du personnel et une estimation du montant des frais remboursables. Les frais remboursables étant payés sur la base des coûts réellement encourus sur présentation de reçus ; ils ne peuvent donc pas être négociés.

Toutefois, si une Autorité contractante veut fixer des plafonds pour les prix unitaires de certains frais remboursables (tels que les déplacements ou l'hébergement), il doit indiquer les niveaux maxima de ces tarifs ou fixer une indemnité journalière dans la Demande de propositions.

Par conséquent, les taux unitaires de rémunération ou autres taux unitaires des marchés au temps passé ne peuvent qu'être ajustés dans les cas ou des modifications des Termes de référence ou de la Proposition technique entraîneraient la modification des quantités initialement prévues.

Si la méthode de sélection inclut le prix à titre de composante, la rémunération du personnel ne pourra être négociée, sauf dans des conditions exceptionnelles par exemple, lorsque la rémunération du personnel est proposée à des niveaux plus élevés que ceux qui sont habituellement facturés par les « Prestataires intellectuels » pour des marchés similaires.

La « Décomposition des taux de rémunération » ne doit être utilisée que dans le cas de négociations financières pour des marchés passés suivant la méthode « Sélection sur la qualité seule ». L'absence de négociations ne retire pas à l'Autorité contractante le droit de demander des clarifications.

2) <u>Négociation des modalités de paiement</u>.

Les dispositions relatives aux modalités de paiement (montants, calendrier et procédures) doivent être arrêtées d'un commun accord durant les négociations.

Les paiements peuvent alors être effectués à intervalles réguliers (dans le cas des contrats rémunérés au temps passé) ou en échange de prestations convenues (dans le cas des contrats à rémunération forfaitaire).

Si les négociations entraînent des changements dans les modes et calendriers de validation des livrables, ils doivent être reflétés au niveau des modalités de paiement.

Les avances (pour frais de démarrage, par exemple) supérieures à 20 % du montant du contrat ne sont pas courantes et doivent normalement être couvertes par des garanties de restitution d'avance ou garantie à 100 % de l'avance de démarrage.

Il n'est pas nécessaire de prévoir de garantie de bonne exécution, puisque le travail des « Prestataires de services intellectuels » est généralement un travail de jugement, de telles garanties donnent souvent, des surcoûts sans contreparties évidentes et qui en fin de compte sont répercutés sur l'Autorité contractante.

5.1.4 <u>Résultats des négociations-formulation d'un accord.</u>

Les négociations menées par l'Autorité contractante peuvent aboutir à un accord ou à un échec. Des négociations qui se déroulent en mode coopératif conduisent généralement à un accord dans lequel les deux parties s'estiment gagnantes (gagnant-gagnant).

En revanche, si les négociations se déroulent en mode compétitif ou distributif, l'accord risque d'être « gagnant-perdant » et instable, voire « perdant-perdant ».

Exemples de causes d'échec dans des négociations :

- positions des interlocuteurs inconciliables (l'un d'eux a atteint son point de rupture, c.-à-d. un niveau de concessions tel qu'il ne peut concéder plus).
- manque de temps.

Avant de formuler un accord, vérifier que tous les aspects ont été acceptés, en particulier les dates pour la mise en œuvre, l'examen, la finalisation, et la définition des termes. Par des récapitulations, fixez les points d'accord.

Comme les négociations sont faites généralement de manière orale, il est important que l'Autorité contractante envoie à l'autre partie une note écrite qui fait la liste des points acceptés, des désaccords, des interprétations et des clarifications tels qu'ils ont été perçus, cela le plus vite possible, après le terme de la réunion.

L'Autorité contractante prépare le procès-verbal qui retranscrit les constatations, les déclarations et situations qui ressortent des négociations et qui intègre tous les commentaires ou écrits reçus du « Prestataire de services intellectuels » doit être établi.

Si principalement, le procès-verbal a une valeur de renseignement, il peut aussi servir de preuve. Il doit contenir, les prénoms et nom des personnes présentes, la liste des observateurs éventuels, la date et le lieu, l'ordre du jour. Il est important de consigner toutes les discussions et les propositions qui en ont découlé.

Pour ce faire, il est important de lister les sujets abordés et pour chaque sujet faire un petit paragraphe reprenant l'essentiel de ce qui s'est dit (rappel du contexte/de la *problématique, des décisions prises, les points bloquants,* les risques soulevés et les prochaines actions), en mettant bien en évidence :

- les points bloquants/risques soulevés (avec si possible une affectation à une personne ou un plan d'action) ;
- la liste des décisions prises et les responsabilités ;
- la liste des actions définies et date de réalisation.

Dans le cadre des négociations des propositions de prestations intellectuelles, pour conférer le maximum de réussite à une action ultérieure, il faut veiller à ne pas l'affecter à un absent de la réunion. Le procès-verbal est à soumettre à l'autre partie.

Le procès-verbal qui est signé par l'attributaire et contresigné par la Personne responsable des marchés publics est à annexer aux pièces du marché et en fera partie intégrante.

5.1.4.1 Finalisation de l'Accord de marché

Normalement, la phase de finalisation des négociations est sanctionnée par la formulation d'un accord et la préparation de sa mise en œuvre car un accord n'est réussi qu'une fois mis en pratique.

Il est donc souvent utile d'inclure dans les négociations un programme de mise en œuvre. Un tel programme définira ce qui doit être fait, quand, et par qui. A la fin des négociations l'Autorité contractante prépare et adresse au Candidat retenu un mémo qui reprend les termes techniques et financiers auquel sont joints :

- les annexes aux propositions techniques et financières, éventuellement modifiées ;
- les Termes de références éventuellement complétés :
- le CCAP ;
- le CCAG applicable aux marchés de Prestations intellectuelles et
- les éventuelles autres pièces contractuelles.

Il importe de noter que les différentes étapes qui suivent sont exactement celles qui avaient prévalu pour la conclusion et l'immatriculation d'un contrat pour les autres types de marchés. Ces étapes sont les suivantes :

- la préparation et la signature du marché, en au moins cinq exemplaires. Le dossier de marché comprend le rapport de présentation, l'Accord de Marché, et les autres pièces contractuelles notamment le procès-verbal de négociations ;
- l'attestation d'existence de crédit confirmant les disponibilités financières pour le marché.

Le Dossier de marché comprenant les annexes dont il est fait état ci-dessus est à soumettre à la Direction du Contrôle des marchés publics pour immatriculation ; elle l'exploitera et le soumet après vérification à l'Autorité compétente pour approbation. Le marché approuvé et numéroté sera retransmis à l'Autorité contractante pour notification au titulaire.

L'Autorité contractante convoque le titulaire et lui fait signer l'acte de notification. L'Autorité contractante avisera les autres Candidats figurant sur la liste restreinte qu'ils n'ont pas été retenus, et ce, dans les meilleurs délais en faisant paraître un avis d'attribution définitive.

La notification du marché constitue la date de début d'exécution sauf si une date postérieure est prévue par le marché. Il est alors remis à l'attributaire définitif, au moins trois exemplaires, pour le besoin d'enregistrement.

5.1.5 Le rejet de toutes les propositions et nouvelle sollicitation de propositions.

Avant de rejeter toutes les propositions et d'en solliciter de nouvelles, l'Autorité contractante notifiera à la Direction du Contrôle des marchés publics les motifs du rejet et obtiendra d'elle un avis de « non-objection ».

Le nouveau processus de sélection pourra être basé sur une révision de la Demande de propositions (y compris de la liste restreinte) et du budget ou de la charge de travail. Ces révisions seront apportées en accord avec la Direction du Contrôle des marchés publics.

Il est repris dans le schéma qui suit les différentes étapes du processus de passation d'un marché de prestations intellectuelles.

DIAGRAMME PRESTATIONS INTELLECTUELLES

Arrêté N° 11580 du 28/12/2008 pris en application de l'article 138 du Code des marchés publics.

DOCUMENTS REQUIS

PHASE 1 : EXAMEN DU DOSSIER D'APPEL A LA CONCURRENCE

1. Lettre de présentation (1 exemplaire)
2. Projet de Demande de propositions (2 exemplaires)

Avis N° 1 DCMP

PHASE 2 : EXAMEN DES RAPPORTS D'ANALYSE ET PROCES-VERBAUX D'ATTRIBUTION PROVISOIRE

1. Lettre de présentation (1 exemplaire) ;
2. Demande de propositions le cas échéant, validé (2 exemplaires) ;
3. Le cas échéant, Avis N° 1 DCMP ;
4. Copie support de publicité (1 exemplaire) ;
5. Le cas échéant, additifs, éclaircissement et réponses (2 exemplaires) ;
6. Procès-verbal ouverture des propositions techniques (2 exemplaires) ;
7. Procès-verbal ouverture des propositions financières (2 exemplaires) ;
8. Rapport d'évaluation des propositions techniques (2 exemplaires) ;
9. Rapport d'évaluation des propositions financières (2 exemplaires) ; avec éventuellement la consolidation des notes techniques et des notes financières (2 exemplaires) ;
10. Procès-verbal des négociations (2 exemplaires) .

Avis N° 2 DCMP

PHASE 2.3 : EXAMEN JURIDIQUE ET TECHNIQUE

1. Lettre de présentation (1 exemplaire) ;
2. Demande de Propositions, le cas échéant validé (1 exemplaire) ;
3. Rapport d'évaluation des propositions financières avec éventuellement la consolidation des notes techniques et financières (2 exemplaires)
4. Avis N° 2 DCMP ;
5. Attestation d'existence de crédit (1 exemplaire) ;
6. Projet de marché signé par les parties contractantes (2 originaux) ;

Avis N° 3 DCMP

CONCLUSION

Même si tous les articles des codes de marchés ainsi que les clauses des différents Dossiers types sont élaborés dans le sens du respect des principes directeurs de transparence et d'efficacité, la mise en place d'une réglementation aussi parfaite qu'elle soit nécessite la maîtrise des mécanismes qui sous-tendent le processus de passation des marchés afin de pouvoir les appliquer dans les meilleures conditions.

Aujourd'hui, les agents chargés des marchés publics voient leurs missions évoluer : ils ne se contentent plus d'exécuter des opérations en vue de réaliser une acquisition, mais ils ont désormais un rôle de gestionnaire qui porte sur l'ensemble de la procédure de passation, depuis l'évaluation des besoins jusqu'à la gestion du contrat et le paiement des prestations exécutées.

Pour assurer le bon fonctionnement du système, les organes de vérification de la mise en application des dispositions contenues dans un Code des marchés publics, comme ceux auprès des Autorités contractantes doivent disposer d'un personnel bien formé en marchés publics pour mieux remplir leurs fonctions et tâches.

À ce niveau les ARMP doivent jouer un rôle de tout premier ordre dans la formation académique et la formation continue en marchés publics en faisant la promotion d'un programme conséquent de niveau Master 2.

Les ARMP pourront également essayer de toucher les autorités administratives et politiques pour les amener à maîtriser ou à tout le moins avoir une initiation sur certains aspects primaires de la commande publique.

Il leur faut une formation effective pas une formation politique ou les principes et autres arcanes des marchés publics ne sont pas déployés. En tant que Personnes responsables des marchés publics, ils signent des actes qui les engagent, sans en connaître les tenants et les aboutissants.

**** ***

BIBLIOGRAPHIE

----

1. Code des marchés publics Sénégal Burkina Faso Côte d'ivoire, Cameroun, Bénin, RDC, Togo etc.
2. Dossiers types prestations intellectuelles (ARMP-Sénégal)
3. Passation des marchés de prestations intellectuelles Dossiers types Banque mondiale
4. Modèle Dossier d'approbation de la procédure LUXDEV PIC 3 Sénégal 2010
5. Savoir négocier avec efficacité web information

**** ***

Structures éditoriales du groupe L'Harmattan

L'Harmattan Italie
Via degli Artisti, 15
10124 Torino
harmattan.italia@gmail.com

L'Harmattan Hongrie
Kossuth l. u. 14-16.
1053 Budapest
harmattan@harmattan.hu

L'Harmattan Sénégal
10 VDN en face Mermoz
BP 45034 Dakar-Fann
senharmattan@gmail.com

L'Harmattan Cameroun
TSINGA/FECAFOOT
BP 11486 Yaoundé
inkoukam@gmail.com

L'Harmattan Burkina Faso
Achille Somé – tengnule@hotmail.fr

L'Harmattan Guinée
Almamya, rue KA 028 OKB Agency
BP 3470 Conakry
harmattanguinee@yahoo.fr

L'Harmattan RDC
185, avenue Nyangwe
Commune de Lingwala – Kinshasa
matangilamusadila@yahoo.fr

L'Harmattan Congo
67, boulevard Denis-Sassou-N'Guesso
BP 2874 Brazzaville
harmattan.congo@yahoo.fr

L'Harmattan Mali
ACI 2000 - Immeuble Mgr Jean Marie Cisse
Bureau 10
BP 145 Bamako-Mali
mali@harmattan.fr

L'Harmattan Togo
Djidjole – Lomé
Maison Amela
face EPP BATOME
ddamela@aol.com

L'Harmattan Côte d'Ivoire
Résidence Karl – Cité des Arts
Abidjan-Cocody
03 BP 1588 Abidjan
espace_harmattan.ci@hotmail.fr

Nos librairies en France

Librairie internationale
16, rue des Écoles
75005 Paris
librairie.internationale@harmattan.fr
01 40 46 79 11
www.librairieharmattan.com

Librairie des savoirs
21, rue des Écoles
75005 Paris
librairie.sh@harmattan.fr
01 46 34 13 71
www.librairieharmattansh.com

Librairie Le Lucernaire
53, rue Notre-Dame-des-Champs
75006 Paris
librairie@lucernaire.fr
01 42 22 67 13

www.ingramcontent.com/pod-product-compliance
Lightning Source LLC
LaVergne TN
LVHW051358061026
849535LV00009B/3252
9782343226712